鉄道旅へ行ってきます

酒井順子　関川夏央　原 武史

角川文庫
24069

目次

まえがきにかえて　原　武史

岩手県にJR岩泉線という線があった。二〇一〇年七月三十一日、一日三本しかないこの線の岩泉ゆき一番列車が土砂に乗り上げて脱線した。乗客七人のうち三人が軽傷を負ったが、その三人は横浜市、長野県、三重県の男性だったという。

いずれも、わざわざこの線に乗りに来た熱心な鉄道マニアだったに違いない。一両編成のディーゼルカーのボックス席を、「岩泉線完乗」を目指すよそ者風の男たちが占拠している光景が目に浮かぶようではないか。いいかえれば、一般の観光客ばかりか、地元住民すらほとんど乗っていなかったということである。

一九七八（昭和五十三）年に宮脇俊三が『時刻表2万キロ』（河出書房新社）を書いてから世に広く知られるようになった鉄道趣味、もっといえば「乗り鉄」と呼ばれる趣味が、ついにここまで来たかという感慨もなくはない。しかし、私もその孤立した男たちのなかに入りたいとは少しも思わない。大都市であろうと地方であろうと、列車に乗るのは好きだから、私もまた「乗り鉄」の一人であるのは間違いないけれど、全国の鉄道にすべて乗るという目標を立てたことはない。岩泉線も乗らないまま、二

○一四年に廃止されてしまった。

宮脇俊三が現れる前には、内田百閒《ひやっけん》と阿川弘之という二人の先達がいた。内田百閒は「ヒマラヤ山系」こと平山三郎を、阿川弘之は遠藤周作や北杜夫といった同世代の作家仲間を、汽車旅の道連れとしていた。一人旅が多かった宮脇俊三とはまた違った旅の面白さがそこにはあった。しかし、男どうしの世界からは脱却できなかった。作家の森まゆみが『女三人のシベリア鉄道』（集英社、二〇〇九年）のなかで、シベリア鉄道をロシア人女性と一緒に乗る話を書いた。女性どうしの鉄道旅行記は画期的には違いなかったが、異性が加わらない点では内田百閒や阿川弘之と変わらなかった。

関川夏央、酒井順子、原武史という組み合わせによる鉄道旅行を、小説現代編集部がなぜ思いついたのかはわからない。だが、男二人＋女一人というのは絶対におもしろい。何しろ、鉄道趣味史上初めての試みなのだから。小説現代編集部の塩見篤史さんから企画をもちかけられたとき、まず思ったのはこのことだった。

思い返せば、関川さんとも酒井さんとも、知り合ったのは鉄道をテーマとする雑誌の対談がきっかけだった。だから、お二人の鉄道への思いについては、それなりに知っていた。かといって、特別に親しいといえるほどではない。いざ一緒に旅行してみると、この距離感が実に何ともいえぬ心地よさを醸し出すことがわかった。

関川さんと私はマニアに見られないようにするにはどうしたらよいかを考えているけれど、酒井さんはそんな二人を冷笑している。この点はたしかに、男と女の間に超えがたい壁が存在する。しかし三人の関係は、常に性別だけで分けられるわけではない。たとえば、駅そばを食べるとき、関川さんと酒井さんはおばちゃんの表情や手つきを観察するのに、私は丼のなかだけを見ている。関川さんは酒を飲むが、酒井さんと私は飲めない。

車中での三人の行動は一見バラバラだ。関川さんは線路が分岐してゆく彼方に目を凝らして文学の匂いをかぎとり、酒井さんは乗り合わせた女子高生のあらわになった太腿を見つめ、いつの間にか駅の売店でお菓子を買って皆に配っている。そして私は、前に同じ線に乗ったときの記憶を懸命に反芻し、いまも同じ風景があるかどうか確かめようとする。それでも三人を乗せた列車は、同じ目的地に向かってひた走る。

本書に収めた旅行は、関川さんと酒井さんが一人で旅行した最後の二回分を除いて、ほぼすべて私が企画したものだ。鍾乳洞も駅そばもSLも名鉄の奇妙な駅も、私の好みがもろに反映している。JR岩泉線のような、一日三本しかないローカル線にただ乗りに行くような企画は一つもない。

関川さんと酒井さんには、結果として私の好みに付き合わせてしまった感もなくはない。近くの駅に移動したり、次の列車に乗り換えたりするさい、時々あせって早足になったところに、企画者としての責任感がにじみ出てしまった。小説現代編集部は、「本当は塩見君がやんなきゃいけないんだよな」などと関川さんに言われながら、私の企画をいつも丸呑みしていたことも付け加えておく。

鉄道というのは、車と違ってダイヤに縛られている。私たちは完全に自由というわけではなく、あらかじめ決まった時間に拘束されている。だから列車が来るまでに昼飯を食べなければならず、本数の少ないローカル線ほどあわただしくなる。けれども、いったん列車に乗ってしまえばもう安心、あとはひたすら身を任せていればいい。列車に乗る最大の楽しみはおそらくこの解放感にあるだろう。

家族でもなければ、同じ職場や地域の人間でもない。同業者でもなければ、同世代の友人でもない。唯一の共通点は、ただ列車に乗るのが好きなこと。その三人が、それぞれ好き勝手なことを言い合いながら、どうでもいい旅を楽しんでいる。東京では原稿に追われ、その上私の場合は大学の仕事に追われ、あくせくした毎日を過ごしているのに、ひとたび列車に乗れば、そんなことも忘れて思いついたことを喋っている。

そして景色を見るのに飽きてしまうと、はばかることもなく眠りに落ちる。

なんという伸び伸びとした時間だろうか。

同じ時間を共有するうち、希有な関係を築くことのできた（と私が考えている）関川さんと酒井さんには、感謝の言葉もない。いや、私の企画を忠実に実行してくださった小説現代編集部の塩見さんや、寺西直裕さん、柴崎淑郎さん、岡本京子さん、カメラマンの但馬一憲さん、森清さんにも御礼を申し上げなければならない。

願わくば、鉄道が好きな読者ばかりか、鉄道が大して好きではない読者の方々にも、この鉄道ならではの時間が共有されんことを。

第一章　鉄道の旅はいつも楽しい

東武特急スペーシア＆わたらせ渓谷鐵道

往路　東武特急スペーシア個室にて

酒井　関川さんは、「スペーシア」は何度かお乗りになっているんですか？

関川　初めて。東武電車で日光方面に行くのも二回目かな。最初のときは、下今市《しもいまいち》で乗り換えて、野岩《やがん》鉄道、会津《あいづ》鉄道と、会津若松まで。ただ乗ってみたかっただけ。とくに目的はなし。

酒井　原さんはすでにお乗りになっているんですよね。この前の「小説新潮」の宮脇灯子《とうこ》さんとの対談も「スペーシア」の個室でした。

原　そうですね。ただ、あれは新宿から乗ったんです。浅草からは初めて。しかも、これまで乗ったのはすべて仕事です。

酒井　そうなんですか、意外です。

原　なかなか私生活では乗れませんよ。個室は四人用ですし、二人だとちょっと広すぎます。もう少し狭いほうが親密さが味わえていいんですけど。

関川　カラオケボックスを三人で占領しているみたいだね。座談会にはちょうどよい。

マイクがあると、もっとよい。

酒井　ほかに個室がある列車はどんなものがありますか？

原　伊豆に行く「スーパービュー踊り子」（現・「サフィール踊り子」）。あとは、名古屋や大阪から伊勢志摩に行く「伊勢志摩ライナー」というやつ。あれにも、大型テーブルを備えたソファタイプの向かい合わせ座席からなる「サロンカー」が付いていました。

酒井　以前は新幹線のもっと狭い個室がありましたよね。一人用くらいの。個室の歴史というのはどうなんでしょう？

原　寝台車には個室があるんですよ。一番最初に個室が付いたのは、日本初のブルートレイン、20系の「あさかぜ」です。デビューは一九五八（昭和三十三）年でしたかね。普通の個室ができたのはやはり新幹線なんじゃないですか。二階建ての「ひかり」とか出てきたときだから。

関川　新幹線のは、狭苦しい電話室みたいなのでしたね。野坂昭如さんがそこでよく原稿書いたけど、だんだん揺れるようになったんでやめたと書いていた。

原　その点、「スペーシア」はいい。駅に停まると、ホームからこの広い座席が見えるんですよ。窓も広いし、外から見ると、中の開放的な感じが羨《うらや》ましいんです。

酒井　たしかに、ホームを歩く人たちがみんな羨ましそうに私たちを見ていって、ちょっと気分がいいです（笑）。

出発進行！

原　東武伊勢崎線の浅草というのは盲腸のような駅なんです。二つ先の曳舟《ひきふね》で隣の押《おし》上《あげ》から来たもう一つの伊勢崎線と繋がる。いまは半蔵門線が乗り入れるそっちのほうがメジャーになっちゃったんです。押上には、京成、都営、東京メトロ、東武と全部入っています。浅草の次が業平橋《なりひらばし》（現・とうきょうスカイツリー）ですね。もともとは業平橋のほうを浅草といっていたんですが、それを、東武が強引に隅田川の西側にターミナルをもってきて、いまの浅草になったんです。

関川　地名の両国と同じだね。対岸のほうが本家化しちゃった。

原　そうですね。で、地下から上がってきた半蔵門線と合流すると、車内の広告が急に垢抜《あかぬ》けた感じになるんです。

関川　田園都市線が二子玉川から地下に潜って、半蔵門線に乗り入れ、押上の先で地上に出る。たしかに、二子玉川側とこっちでは、地上風景が別の都市のように違う

スペーシアとは、東武鉄道の特急用100系電車、もしくは当該車両を用いて運行する列車「きぬ」、「けごん」等の愛称。グッドデザイン賞、鉄道友の会ブルーリボン賞も受賞している

でしょう。不思議な体験だろうなあ。

酒井　どっちも川が近いんですけどね。こっちはいきなり、軒先に洗濯物とかで、グッと庶民的な車窓です。

関川　かつては都電沿線がそうだった。車窓から夕食のおかずがわかった。

原　この辺は昔の面影がよく保たれている区間ですね。北千住を過ぎると、もう高架で複々線ですから。

酒井　だいぶゆっくり走っていますね。これは時間調整ですか？

原　ここはカーブが多くスピードが出ない区間なんで、北千住を過ぎるともう少しスピードが出るはずです。

関川　北千住はいいね。昭和四十年代そのまま。ソース二度浸け禁止の串揚げ屋とかがある。心のフルサトのような安っぽさというか（笑）。

酒井　東武線全体がそういう感じじゃないですか。そういえば、北千住から青い「ロマンスカー」が出ていますよね。

原　千代田線直通で小田急に乗り入れるんですね。一度乗りましたが、北千住からはマニアしか乗っていない。

酒井　マニアって、ひょっとしてご自分は除外されてるんですか？（ニヤリ）

原　いやいや、私もマニアだと……。まったくそのとおりですね。つくづく自己嫌悪に陥ります……。（二〇〇八年）六月からは東武東上線にＴＪライナーというのも走るんですよ。「東」の頭文字Ｔと「上」の頭文字Ｊを取ってＴＪライナー。あれも取材で乗るだろうな。それで、またマニアとか言われるんだろうな（笑）。

関川　それを恐れないところが原先生のよいところでしょう。

酒井　（日暮里《にっぽり》・）舎人《とねり》ライナーは乗りました？

原　乗ってないです。うーん、乗る必然性がないんですよね。

関川　舎人ライナーって？

原　日暮里から足立区西部を北上して、最後は埼玉県との県境ギリギリまで行くんです。あれは沿線にたいした見どころもない。行ったら戻ってくるだけなんです。

酒井　生活用の路線ですね。

原　そうそう。スタミナ苑って有名な焼き肉屋が足立区の鹿浜にあるんで、そこでも行こうかなんて地図を見たら、駅から全然離れてるんですよ。

酒井　でもあれは、陸の孤島だった舎人の住民には、まさに悲願だったという話。

原　純粋に地元住民のための路線ですからね。それ以外の人たちが使用する必然性はまったくないです。

関川　「つくばエクスプレス」は先で繋がる？

原　「つくばエクスプレス」はつくばから先、どことも繋がらないんじゃないですかね。延ばすんなら筑波山とかですか（土浦方面への延伸が検討されている）。

　埼玉、群馬、栃木へと……

原　いま乗っている東武伊勢崎線の沿線には草加《そうか》松原と武里という二大マンモス団地があって、松原団地（現・獨協大学前）とせんげん台という二つの駅は、わざわざこの二つの住民のためにつくられたんです。いま見えた草加松原団地が五千九百二十六戸で武里団地が六千百十九戸。草加松原団地は建て替えが進んでいて、この古て替え済)。

びた建物が見られるのもいまが最後なんですよね(現在はコンフォール松原へと建

関川　得がたい車窓風景なんだ。六千戸という、ピーク時は二万人くらい、それだけで都市だ。建て替えが全部終わったら、草加松原団地という地名もなくなるんだろうね。また昭和が消えちゃうな。

原　で、この辺りが越谷なんですが、複々線の距離でいうとここが関東私鉄で一番長いんです。北千住から北越谷まで続いています。この先に緑の一帯が見えてきますが、それが宮内庁の鴨の猟場、埼玉鴨場です。

酒井　じゃあ、皇族は東武鉄道に乗ってここまで来てたんですか？

原　そうですね。皇族専用の列車が走ったこともあるようです。春日部を出ると次は栃木まで停まりません。栃木、新鹿沼と続きます。

関川　栃木といえば明治十一年六月にイザベラ・バードが泊まったね。彼女の場合、東武線と同じルートを人力車で日光まで三泊四日。日光では、のちに金谷ホテルを経営する金谷さんちに滞在して、そこから会津、新潟、山形を経て北海道まで。ちょうど梅雨時で、木々の緑と谷川は美しいけど、いきなり川の水かさが増えて流されかけたり。命懸けの旅だった。

原　谷崎潤一郎の『細雪』には日光見物の話が出てきますが、あれも東武に乗って行くんですよ。で、東武の車窓から富士山が見えるという話になって、「東武電車で富士山見える所あるやろか」、「いいえ、たしかでございます。お客さんたちが、みんな富士山が見える見える云うてはりましたよって、そうに違いございません」といった会話が交わされる。冬とか空気が澄んでいる日は、本当に見えるんですよね。

酒井　東武沿線って、あまり文学の香りはしないんですけどね。

原　森高千里の歌で「渡良瀬橋」ってありますが、あれは東武でしょう？　恋人に会いに足利市まで電車で通ったって内容で、けっこういい歌なんですよね。

関川　『細雪』の大阪の阪急沿線はわかるけど、東京の私鉄の文学というのは思いあたらないなあ……。

原　車谷長吉さんの『赤目《あかめ》四十八《しじゆうや》瀧心中未遂《たきしんじゆうみすい》』で主人公が暮らしていたのは阪神沿線でしたよね。で、あれは阪急を憎んでいる（笑）。阪神間は私鉄沿線のカラーがはっきりしてるんで、小説として書きやすいのかもしれませんね。

関川　山田太一のドラマに小田急と新玉川線（現在は田園都市線）は出てくるね。東武東上線なんかは、昔はカラーがはっきりしすぎていた。連結器のところで博打《ばくち》をしていて摘発された、とかね（笑）。プロレタリア文学的というのかな。

原　実は、この先、栃木県に入るまでが複雑なんです。ここはまだ埼玉ですが、栃木に入る前に一瞬、群馬をかすめる。

関川　そうか、群馬か。この辺はまだ東京の通勤圏内？

原　もちろんです。半蔵門線に乗り入れる電車の起点になっている南栗橋から浅草まで特急で四十分ですからね。最近はこの駅の周辺を東武が大々的に売り出しているんです。田園都市線沿線の一戸建てと比べると、同じ広さで半額ですからね。

関川　昭和の団地に詳しいだけじゃないんだね。

酒井　ここで六千万円出せば豪邸に住めるというわけですね。

原　利根川を越えて、渡良瀬川を越えればもうすぐ栃木ですね。

鉄道マニアに派閥あり

酒井　鉄道好きには、やっぱり派閥がありますよね？

原　例えば地図派なんかは、古い地形図と最新の地形図を見比べながら、ある区間のルートがどう変わったかに関心があるわけですよね。今尾恵介さんがそうです。あとはダイヤ派だったら、時刻表を見て、「もうすぐ○○とすれ違うぞ」とか。宮脇俊三さんなんかはダイヤ派ですよね。ほかにもいろんな派閥に跨《また》がっているとは思いますが。

関川　ダイヤ派は、すれ違うのが好きなんだね。時間どおりに来ないと、「二十秒遅れている」とか言って騒ぎだす（笑）。

酒井　あれは面白い。銀座線に乗って渋谷から表参道まで、この電車、何分何秒で行くとか、全部計ってるんですよね。

原　私はダイヤ派ではないです。地図とにらめっこというのもないし。単純に乗るのが好きなのと、あとは駅そば派かな。

関川　駅そばって、そんなに味が違うの？

原　駅そばを見つけたら反射的に入ります。ここはまずいってときも最後まで食べちゃうんです。以前ＪＲ千葉駅の万葉軒はどうも……と書いたら、その後驚異的に味が変わってうまくなったんです（現在は閉店）。

酒井　それはやはり原さんの記事を読んで？

原　後で万葉軒の社長に会ったら、こう言われましたから。「あんたにまずいと書かれた万葉軒の社長です」って（笑）。

酒井　それは完全に原さんを意識してますね。私はなんだろう。乗って寝る派（笑）。

仕事で乗っても、自分で乗りたくて乗っても、ふと気がつくと寝ている〝眠鉄〟です。もったいない気もしますが、それが幸せ。

関川　ぼくは、車内乗客見物派。特に田舎のほうの。以前、只見線《ただみ》に会津若松から乗ったとき、高校生たちが降りちゃったあと、車内に残っていたのが全員、鉄ちゃんだったのには驚いた（笑）。人のことはいえないけど、なにか愉快じゃなかったね。

酒井　彼らにしてみれば、ただ乗るのが目的だった、と。ま、私も只見線に乗るという目的だけのために行ったことがあるので、他人のことは言えませんが……。

関川　あとは分岐派かな。寄り添っていた線路が、名残惜しそうに分かれていくのが悲哀に満ちていて、感動する。神田川に昌平橋ってあるじゃない。橋の上から総武本線と中央本線の分岐がよく見える。あそこが一番好き（笑）。

酒井　分岐に、何か感情的なものを見ちゃうんですかね。

関川　心の古傷の反映というか。東武の大師線なんかはちゃんと電化されてるから、短い割に堂々と分岐する。そういう虚勢も捨てがたい。

原　さっきのマニアの細分化という話に戻ります。（二〇〇八年）四月に『「最長片道切符の旅」取材ノート』という宮脇さんの本が出たんですけど、注釈と解説を書いた私に対するマニアの非難がすごい。「わかりきった注釈を書くな」とか「おまえ

わたらせ渓谷鐵道名物のトロッコ列車は団体客で満員のため、乗れず。定員分の整理券は運転日の一ヵ月前から発売される

の話なんか聞きたくない」とか。俺たちの宮脇さんを私物化するな！　みたいな（原氏注＝新潮文庫版では、私的に体験を述べた注釈をすべてとった）。

関川　党派というものの必然のなりゆきです。ささいな違いを絶対に許さない（笑）。最近は宮脇俊三ファンも党派化したんだね。

原　だいたいそういうやつの書き方って似通っていて、まずは宮脇さんの文章を絶賛する。素晴らしいと。で、「その素晴らしい文章に傷をつけているのが原だ」と言う。この前、2ちゃんねるでショックな書き込みを発見しちゃったんです。「これなら関川夏央にやらせたほうがいい」という（笑）。

関川 そういわれてもなあ。宮脇さんは亡くなったから教祖にされた。原さんだって亡くなれば、原武史原理主義派が出てくるよ（笑）。

原 まあ、ほんといろんな人がいますね。ケーブルテレビでも「全国秘境駅ファイル」とかありますし、牛山隆信という秘境駅訪問家もいる。川島令三《りょうぞう》という人は線路の配線にすごい詳しい。

酒井 全駅下車の人もいますよね。『鉄子の旅』というマンガに出てくる横見浩彦さんとか。

関川 全駅下車はすごいね。もう道をきわめているという感じだね。四千いくつか駅があるんでしょ。

酒井 あれは何年もかかりますよね（注＝十三年で達成）。

原 ＮＨＫの教育に鉄道模型講座みたいな番組もあります。以前は人前で鉄道模型が趣味なんて絶対に言えなかったですからね。

関川 いまでも人前では言わないほうがいいと思うけど。ぼくも言うべきではなかったね（笑）。

車窓絶景〝裏〟100選

原　（二〇〇八年）六月に、新潮新書から『日本の鉄道　車窓絶景100選』というのが出るんです。私も入れて四人の選者で選んでいったんですが、今回我々が乗った「わたらせ渓谷鐵道」も入っています。私は、往路でも話したとおり、東武伊勢崎線の押上～曳舟間がいいと言ったんですが、ほかの選者にはまったく相手にされませんでした。

関川　でも、誰もが挙げるような場所じゃ面白くないでしょう。

原　そうなんですよ。「箱根登山鉄道」とか「江ノ島電鉄」とか「黒部峡谷鉄道」とか……。もっぱら私だけが異を唱えていました。

酒井　鶴見線とかも入ってるんですか？

原　鶴見線は入りました。

関川　鶴見線の本線と枝線が分かれる駅、浅野だっけ、ホームが三角形になってるところが好きだな。そこに花壇があったりすると、その健気さに泣くね。よい車窓風景なんて個人的文学にすぎないんだから、着眼と描写の面白さにつきると思うんだが。

原　あと、阪急電鉄今津線の宝塚南口〜宝塚間を挙げたんですがダメでした。あそこはまず、宝塚ホテルが見えてきて、武庫川を渡ると大劇場、そしてカーブの先に、いまや閉園してしまった宝塚ファミリーランドが現れるんです。なんで、ああいう風景を見てワクワクしないのかな、と思いました。

関川　ぼくは、都電が王子から飛鳥山の坂をのぼるとこ。バスの乗客にのぞかれたりするとき、とても恥ずかしくて同時に浮き浮きする。なぜだろう。

酒井　それは絶景に入りますね。

関川　岩手県の、なぜ存続したかわからない岩泉線は？

原　私は乗ったことがありませんが、入りました。岩泉線なんてもう、マニアしかいない線だから。一日に三本しかない線なんで、ただ行って帰ってくるだけ。

関川　駅はなかなかいいんだ。委託の、八十歳を過ぎたおじいさんが一人いてね。それで「私もそろそろ引退したいんだけど、後継者がいなくてねえ」とか嘆く。

酒井　なんか絶景というより人物になってますけど、この前、私が遭遇した、山陰線餘部《あまるべ》駅の女装家の鉄ちゃんなんかはどうですかね？

関川　その人を有名にしちゃったのはあなたでしょ。餘部の鉄橋を撮影していたとい

酒井　原さんは鉄道ファンと女装家の相関性について考察されていましたよね。

原　ええ、書きました。

関川　こないだ「銀河」(二〇〇八年三月廃止)の最終列車に乗ったときも、東京駅の、マニアだけで混雑するホームで見た。四十歳前後かな。全身黒ずくめ、ミニスカートにピンヒール、シャーロット・ランプリング的『愛の嵐』系だけど、全然きれいじゃなかったよ(笑)。

原　話題が変わるけど、改装前の名鉄の神宮前駅は面白かった。ホームに立ち飲み屋みたいのがあって、中京競馬場から帰ってきたようなオッサンがちくわをつまみに飲んだくれてる。

酒井　食べ物系でいえば、この前、「探偵!ナイトスクープ」を見てたら、昔、京阪三条駅が地上にあったころ、構内で売られていた饅頭《まんじゅう》がすごく美味しくて、死ぬ前にもう一度食べたいっていうおばあさんがいたんです。番組で捜したら、その饅頭が島根にあって、というか、その饅頭を作る機械を島根の益田にいる人が譲り受けていて……。

原　それで、味は?

酒井　昔と一緒で、そのおばあさん、饅頭食べながらボロボロ泣いてました。

関川　いい話だねえ。なんかもう、残したい風景みたいになってるなあ。網走駅の手前、桂台駅は台地の上の駅なんだけど、板張りのホームから改札口への階段をのぼる女子高生の、背中とオホーツク海の二重映しのイメージに、震えたね。「日本」と「私」が失った何かがそこにある、みたいな（笑）。

酒井　私は線路そのものも好きですね。列車の最後尾に乗って、線路が後ろに流れていくのを眺めるんです。

関川　先頭の風景もいいね。鉄ちゃんだと思われたくないから、目立たないようにしてね。運転席の隣から前方を、つい見つづけちゃう。何が面白いかといわれると答えられないけど、面白い。

原　曲がったり、分岐したり、合流したりするのもいいんですが、青函《せいかん》トンネルの中で、暗闇を流れていく線路を黙って見ているだけでも意外と飽きないんですよね。あれは不思議な感覚です。

酒井　絶景〝裏〟１００選ですね（笑）。

関川　本人も知らない本人の歴史から発している、説明できない欲望なんだね。

さあ、次なる旅へ

原　次はどこへ行きましょうかね？　当初は秘境駅に行こうというプランも考えていたんですが。飯田線とかね。

関川　飯田線沿線に湯谷《ゆや》温泉ってのがあって、気に入った分だけお代を置いていくシステムの旅館があると聞いた。

酒井　料金は、泊まった次の日の朝にお客が決めるんですよね。

関川　ちょっとクサすぎるか。

原　房総半島の沿岸部から内陸に入ってゆく小湊鐵道とか、久留里《くるり》線もいいですね。でも、単に乗るだけじゃなくて、ちょっとした観光とかもあったほうがいいですかね。

関川　久留里線の終着駅、上総《かずさ》亀山まで行って、あまりの何もなさに三人で途方に暮れるとか？

酒井　あの辺、お城がありました。大多喜《おおたき》に。城と鉄道、というのもいいかも。

原　分倍河原《ぶばいがわら》に、私が多摩地区でナンバーワンだと思っている高幡そばを食べにいくのは？（原氏注＝この高幡そばは、いまはなくなっている）それから南武線と青梅線を乗り継いで奥多摩まで行って、日原《にっぱら》鍾乳洞を見に行きましょう。

関川　あとは、どこか花畑とかないかね。「花畑の酒井順子」みたいな写真があると、二匹の野獣も立つ瀬があるかも。

酒井　…………。

関川　じゃあ、鍾乳洞で、ガテン・スタイルの酒井さんというのは？

原　私はむしろ、マニアの裏をかくような企画がいいですね。

酒井　マニアの裏をかきつつ、非「鉄ちゃん」も楽しめる……。

関川　文学的冗談も欲しい。

原　マニアが注目するのはあくまでも鉄道的に珍しい場所なんです。頸城《くびき》トンネルの中にある筒石駅とか。しかし私はむしろ、筒石の隣にあって、トンネルとトンネルにはさまれた能生《のう》みたいな町に行ってみたい。深田久彌が、「親不知、子不知」（『學鐙』一九五八年三月号所収）と題するエッセイのなかでこんなことを言っています。「能生の近くを過ぎる時、いつも私の心に触れてくる一つの風景があった。それは線路のすぐ脇に、ささやかな広場を持ったお宮があって、その一隅にお堂が立ち、形のいい老松が枝を張っていた。たったそれだけの景色だが、山の迫った海岸のしらなみと、その磯のところどころに、屋根に石を並べたひしゃげたような家々ばかり眺めてきた眼には、何かホッとするような眺めだった。」こんな風景にすごくひかれますね。

関川　あのね、今回一番楽しかったのは、わたらせ渓谷鐵道の大間々《おおまま》駅から東武の赤城駅まで、みんなで歩いたでしょ、小雨の中。あれだね。徒歩で別線に乗り換えるというのは、ぼくの趣味なんだ。知らない街を、早足の原さんに遅れないようについて歩くのも好きになった。それからさ、宮脇俊三先生が二万キロを完乗したわたらせ渓谷鐵道の終点、間藤《まとう》駅の備えつけノートに、三人の名前を書いて「参上」とやってきたけど、鉄ちゃんがまた悪口をいってくれるかな。それも楽しみ。

（二〇〇八年五月三十一日）

第二章　鉄道の旅はやっぱり楽しい

磐越東線

短いトンネルが連続する江田～小川郷間。味わいのある煉瓦づくりが懐かしい

「テツ」的近況報告

原　酒井さんは最近、アイルランドに行かれたそうで。

酒井　そうなんです。先日、世田谷文学館で原さんと宮脇俊三さんについての対談を行ったすぐ後でした。

原　鉄道関係の取材ですか？

酒井　いや、今回のは鉄道ではなく、ステキな女性誌のお仕事でした。でも、鉄道にもちょっと乗ろうと……。

関川　アイルランドで乗った？

酒井　DARTっていう、ダブリンの近郊線みたいなやつですけどね。事前情報では、東急の車両が走っているという噂があったんです。そういうのは可能なんでしょうか？

関川　線路の幅が違うけど。

原　台車を替えれば走れますよ。時差ボケは大丈夫なんですか？

酒井　割と大丈夫でした。それより寒いのが辛くて。
原　ああ、私も二年前の夏はずっと英国のケンブリッジに行ってましたけど、七月が暑くて、八月に入ると急に涼しくなるんですよね。
酒井　原さんはどこか乗りに行ってます？
原　この前、東武東上線のTJライナーに乗りましたけど、あれも原稿を書くためで、最近は純粋に乗ることはまったくなくなりましたね。後で原稿書かなきゃいけないという気持ちで乗るのと、何もない状態で乗るのとでは違ってきますから。メモ帳をずっと手放せませんし、ボーッとして乗るということができないじゃないですか。
酒井　関川さんは？
関川　こないだ長野に用事があったんで、ついでに飯田線に。あくまで、「ついでに」だよ。
原　この「鉄道の旅」企画で、飯田線に乗るというのもあったんですよね。
関川　とにかく長いんだよ。
原　だから、あれに全部乗るのってすごいですよね。
関川　いったん途中下車しちゃうと、次の列車がくるまで二、三時間待たなくちゃならない。

原　それがいいんじゃないですか。飯田線は途中の秘境駅で降りるのが面白いんですよ（原氏注＝二〇一〇年八月から、臨時急行の「飯田線秘境駅号」が運行されている）。
関川　降りたくないよ。だって、降りちゃったらその日のうちに東京へ帰れなくなるし。いるところがなさそうだし。
原　辰野（長野県上伊那《かみいな》郡）から豊橋までですか。
関川　いまは岡谷（長野県岡谷市）からの運行。
原　それは相当な距離ですね。
関川　駅によっては七分停車とかあるんだよ。そういうときは、わざわざホームの跨《こ》線橋《せんきょう》を上り下りして、改札外のキヨスクに南京豆とか買いに行く。ずっと座りっぱなしだから、エコノミークラス症候群の予防（笑）。
酒井　飯田線といえば、マニアがいっぱい乗ってるんじゃないですか？
関川　そういうよね。とても怖かったんだけど、親子連れ以外はいなかったなあ。
原　それは珍しい。
関川　でも、その子供のほうが、将来立派すぎる〝鉄ちゃん〟になりそうで、ちょっと気の毒だった。あとは地元の人ばっかり。高校生とか。
酒井　生活路線なんですね。

原　けっこう乗り降りが激しくて、全部乗る人はたぶんいないでしょうね。マニア以外は。

関川　車掌さんが、〝乗り鉄〟とおぼしきマニアに、同情の視線を向けていたね。といっても、それはぼくなんだけどさ（笑）。

「やまびこ」でいざ福島へ！

酒井　前回、絶景〝裏〟100選の話をしましたが、新幹線沿線にはあまり登場しませんよね。

原　それが、そうでもないんですよ。

関川　新幹線にもマニアがいるの？

原　新幹線車窓チェックマニアというのがいるんです。この前聞いたのは、東海道新幹線の三島と新富士の間に、岳南《がくなん》鉄道（現・岳南電車）というローカル私鉄と交差するところがあるんです。岳南鉄道の終点が岳南江尾《えのお》（静岡県富士市）という駅なんですが、交差する一瞬、新幹線からその岳南江尾の駅が見えるらしいんです。それを動体視力を駆使してちゃんと判別できるやつが、車窓チェックマニア。

酒井　それって、単に目がいいとかの問題なんじゃ……。

原　駅があることに気付かずに、ただ漫然と通り過ぎるやつはダメだ、ってことらしいです。

関川　原さんには見えた？

原　注意していればわかるんですけど、そこに駅があるって知らないと絶対にわからない。

酒井　しかも、こだま、ひかり、のぞみでマニアレベルが違うとか？

原　のぞみは難しいと思うよ。でも、そんなことばっかり考えてると景色が全然楽しめないですよね。

酒井　いま乗っている東北新幹線からの眺めはどうですか？

原　この辺は埼京線で言うと中浦和で、右手に別所沼公園が見えてくるはずです。住宅ばっかりなんですが、そこにぽっかりと緑の一帯が現れるんです。荒川というのは文字どおり荒れる川で、昔は流路がいろいろ変わっていた。別所沼も荒川の流路の跡だというんです。浦和ってもともとはウナギが多く獲れた土地で、この辺りは沼が多かったんですよ。いまはもう獲れないでしょうけど、浦和の名物といえばウナギということに一応なっています。

酒井　もう、このすぐ先が大宮ですね。
原　そう、さいたま新都心ですね。この辺りは、ここ十五年くらいで急速に変わりました。
関川　やっぱり都心って言うんだね。
原　確かに中央省庁の出先機関があるので都心と言えないこともないですが、それよりは県都という感じですね。いまでも県庁は浦和にあるとはいえ、重心は大宮のほうにシフトしていますね。あ、もうすぐテッパク、テッパク♪
関川・酒井　………………？
原　テッパクですよ。鉄道博物館。こういう企画ですからね、無視しては通れないでしょう。
酒井　ああ、そうでしたね。無視するわけじゃないんですが、原さんのテンションが急変したんで（ニヤリ）。
原　一応ね、総本山ですから。伊勢神宮みたいなもんですよ。いや、ここは大宮だから氷川神社って言わなきゃおかしいな。
関川　みんなで拝みますか。ところでさ、今日我々が乗る磐越東線って地味そうだね。
原　地味です。郡山から会津若松、新潟の新津を結ぶ磐越西線のほうが乗車機会は多いと思いますよ。

酒井　西線のほうは新潮新書の『日本の鉄道　車窓絶景100選』にも入ってるし、SLも走ってましたよね。でも、東線を走るSLにも乗りました。「SLあぶくま号」ってやつ（二〇〇四年～二〇〇六年運行）。

関川　磐越東線って、いまは郡山～いわき間の通し運転は、ほとんどないんでしょ？

原　国鉄時代は通しの急行もあったんですが、いまはもうないし、高速道路ができてからは、バスに完全に負けています。福島県で人口の一番多いいわきと、二番目に多い郡山を結んでるので、本当は幹線になってもおかしくないんですけどね（現在は一番目が郡山、二番目がいわき）。

関川　（東北新幹線の車窓を見ながら）ここまでくるとだいぶ田舎だね。

原　この辺りは虫食い状態で、駅から離れるとそうですね。でも、小山が近づくとまた急に住宅が増えますよ。で、その先の宇都宮は人口五十万人の北関東最大の都市ですからね。宇都宮市はいま、道路渋滞緩和のため、市の中心部と東部を結ぶLRT（次世代型路面電車）を導入しようとしているんです（二〇二三年八月に開業）。

関川　宇都宮は渋滞がひどいらしいね。鬼怒川《きぬがわ》を渡る橋がボトルネックになって。いまはどこも政令指定都市を目指して合併したから、やたらとでかい。新潟市もチョ

郡山〜いわき間を結ぶ磐越東線。車両はキハ110系を使用

――広いし、浜松市も天竜川の渓谷までが市域だからね。飯田線に乗ったとき、長野と静岡と愛知、三県境のふか～い山の中の駅名表示に、「浜松市天竜区」ってあって驚いた。

駅弁好きの宮様

原　宇都宮は駅弁の発祥地ともいわれているんです。

酒井　へえ～、駅弁の元祖ってどんなものだったんですか？

原　最初はただの握り飯にたくあんみたいなやつで、駅弁といってもたいしたものではなかった。でも昭和初期になると、駅によって全然違ってくるんですね。

『高松宮日記』の一九三三（昭和八）年十二月二十二日の日記には、「横浜　焼飯／岐阜　あゆすし」などと、各駅の駅弁が表になって書かれているんです。

酒井　高松宮にも駅弁を買って食べるくらいの自由はあったんですね。

原　広島の江田島や呉にいたこともあるので、東海道線と山陽線の駅弁にやたらと詳しい。相当な駅弁好きなんです（笑）。

関川　広島の穴子飯とか？

原　宮島、いまの宮島口ですね。もっとも昭和初期はかきめしでした。日記にも「宮島　かきめし」と書かれています。有名な駅弁といえば、まだ新幹線がないころ、東北本線の駅弁では黒磯（栃木県那須塩原市）の「九尾《きゅうび》釜めし」が有名でした。昔の客車列車は直流から交流に切り替わる黒磯駅で機関車を付け替えたため、五分以上停まった。だから駅弁がよく売れた。いまは新幹線も通らないし、すっかりさびれちゃって駅弁すら売っていないんですけど。

酒井　かつては、ミカンとかゆで卵とかもホームで売ってましたよね。

原　ミカンといえば冷凍ミカン！

関川　酢昆布は、映画館だったっけ？

勝ち組路線、負け組路線？

酒井　東北新幹線や上越新幹線が東京駅まで延びたじゃないですか。やっぱり東京駅のほうが便利なんですかね？

関川　上野駅って行きにくいんだよね。その上ちょっと寂しいんだよ。上野駅には忘れてしまいたい過去がある気がする。

酒井　東北本線は上野から、中央本線は新宿からという個性があるほうが、旅情があっていい気がするんですけどね。

原　昔、千葉方面の玄関口は両国だったでしょう。あれをなくしちゃったのは、たぶん、長らく鉄道で隅田川を渡ることができなかった千葉県民のコンプレックスが入ってるんだと思うけど。

関川　多摩急行（二〇一八年廃止）ができたとき、小田急沿線の住民は「利根川のずっと向こうからくる電車が、なんで多摩急行なんだ！」と怒った。こちらは逆のコンプレックスだね（笑）。

原　今度（二〇〇八年六月十四日）、副都心線ができて、いずれ東急東横線とも繋がることになっています（二〇一三年に乗り入れ開始）。そうなると、東横線の田園調布や横浜と東武東上線の和光市が一本に結ばれる。もちろん西武有楽町線を介して西武池袋線とも繋がるのですが、本数は和光市方面のほうがずっと多い。いずれ西武沿線と比べて、東武沿線のほうが地価も上がるでしょうね。一方、私が住む東急田園都市線はこれから下がっていくと思います。全然混雑が緩和されてませんから。

酒井　まだ開発も続いていますよね。巨大マンションをつくったり。

原　田園都市線沿線は、奥さんや子供は環境もよくていいんでしょうけど、旦那さんは毎朝夕ラッシュ時の混雑で大変な思いをして通勤している。遅れも日常茶飯事になっています。いずれ、どっかで爆発しますよ。

関川　上尾事件（一九七三年）みたいな？（笑）　田園都市線には似合わないけど。

原　本当にひどいんですよ。特に七月は、あまりに頭にきたんで全部メモにとってあるんです。「二十日、人身事故で二子玉川～渋谷間ストップ。青葉台から新百合ヶ丘までタクシー」、「二十四日、下りが十五分遅れ」、「二十八日、青葉台で人身事故。新横浜に回り、東京まで新幹線に乗る」、「二十九日、青葉台で六分、渋谷で十分遅れ。案内ナシ。時間表示ナシ」。こういう話をすると「またですか」なんて言われるけど、住んでいたら切実なんですって。

酒井　原さん、相当、ストレス溜めてるんですね。

関川　原さんが蹶起《けっき》しかねないね。

原　いや、私は毎日利用するわけではないから、まだいいんです。毎日乗っている通勤客はみんな溜め込んでると思いますよ。でもまあ、ちょっとは前向きな話をしましょう。今日、私は田園都市線に乗らず、新横浜から新幹線で来たんですけど、東京での乗り換えをなくして東北新幹線と直通にすればいいのにと思いますよね。

酒井　東京を通過駅にして。

原　そう。そうすれば、例えば新横浜から東北へ行くのも乗り換えなしで行けるようになる。料金も通しにしてもらって。東海道新幹線、山陽新幹線と跨っても、それで料金が急に高くなったりしないでしょう。いまは東海道新幹線と東北新幹線の特急料金をその都度計算するという形になってる。

酒井　たしかに、大阪から東北まで一本で行けたらいいですね。

原　だから、新大阪発仙台行きとか、そういうのを設けてほしいと思う。

関川　それは卓見。

酒井　私は、寝台新幹線っていうのを走らせてほしいです……。博多〜八戸間を夜行で行くとか。

原　それはいいですね。ああ、もう新白河ですね。白河小峰城が見えますよ。松平定信ですね。次がもう郡山です。

関川　新幹線はやっぱり早いねえ。

必読！　駅そば談義

原　お二人は旅先での食事はどうされます？

酒井　私はあまり駅弁が好きではなく、どちらかというと温かいものが食べたいので駅前の食堂なんかに入ります。駅そばがある駅って、意外と少ないですよね。

関川　ぼくも割と駅の外に出るほうだけど、合理的に乗り継ごうと思うと、けっこう忙しいんだよ。コンビニのおにぎり、とかが多くなる。

酒井　あと、私は地場パンも好きです。地元のパン屋さんが作っている、ちょっとレトロなパンが、キヨスクや売店をのぞくと、意外に見つかるんですよ。

原　私は断然駅そば派です。今日も郡山でちょっと食べていこうとか考えていたんですが、店構えがダメでしたね。駅そばは店構えと空気でうまい、まずいがわかるんです。

酒井　素人にもわかるように教えてくださいよ。

原　まず簡単なことで言えば、JR東日本傘下のNRE（日本レストランエンタプライズ）などチェーン系ではなく、非JR資本の独立系の店のほうがいい。東京近郊では、桜木町とか東神奈川とか我孫子《あびこ》とか。あと、いつも客がいる店で、そこに張り詰めた空気みたいなものがあれば、なおいい。

関川　なんだか剣豪みたい（笑）。

原　帰りに乗る常磐線にはいい店が多くて、二年くらい前に「月刊現代」（二〇〇九年一月号をもって休刊）の取材で常磐線の駅そばを食べまくるってのをやりました。帰りに通りますが、日立駅の海華軒（原氏注＝橋上駅の改築に伴い、現在は撤退）という駅そばを見ればわかります。見た目はどうしようもなくボロいんですけど、うまいんですよ。しかも、そういう空気があるんですよ。

関川　原さんがそこまで力説するなら、海華軒にはぜひ行きたい。

原　あと、駅そばならやはり北陸本線です。福井の今庄そば、金沢の白山そば、富山の立山そば……。

関川　泊まりがけになっちゃうなあ。

原　一日で回れます。四、五杯は食べられますよ。高岡駅（富山県高岡市）なんかは、そばとうどんが一緒になったチャンポンというメニューまである。

酒井　でも、わざわざみんなで駅そばのためだけに北陸まで行って、いざ食べたら、「こんなまずいもの食わせやがって！」ってなったりしてね（笑）。

関川　原さん、またまた上尾事件？

原　私が怖いのは、うまかった店の味が変わったりすることです。結局は作る人の腕しだいなんで。店員が入れ替わったりすると味も変わるんです。

関川　帰りの常磐線は勝田駅で何分か停車するでしょう。そこでチャッと駅そば、食えないかね。

原　まあ、四、五分あれば食べられますよ。でも、あそこはたしかボックス型で、あの手の店舗は空気がこもるんでよくないんですよ。理想はカウンターだけのオープンエアのスタンドですね。

関川　わかりました。あきらめます。

酒井　ホームに醬油ダシの香りが漂うような……？

原　日立駅の海華軒がまさにそういう店なんです。インターネットに駅そばのサイトがありますが、紹介されているのはやっぱり東京界隈とか幹線、それも新幹線が停まるところが多い。駅弁と違って駅そばはまだまだ批評が確立されていないんです。

関川　原先生に従って、海華軒から修行を始めたくなったね。

酒井　デパートで駅そば大会とかやりませんもんね。立ち食いそばと駅そばはやっぱり違うんですかね？

関川　立ち食いって、小諸そばとか富士そばとか、チェーンのやつ？

原　たぶん全国の駅そばの七割は小諸そばに劣ります。そして残りの二割は同等。でも、最後の一割は小諸そばを超えていますね。

関川　そのうち、現代新書で本を出したら？　『駅そば店構え論』とか『駅そばの未来に関する一考察』とか。

酒井　誰が買うんでしょうかね……。

関川　ぼくが買う。

最後は恒例の企画会議（反省会？）

関川　第二回も無事に終わったけど、第三回はあり？　という疑問は置いといて、今回の磐越東線は、絶景がないのがとてもよかった。丘陵地帯に点在する町のありふれた穏やかな佇《たたず》まいに、心なごんだ。絶景を探す鉄ちゃん的センスは、どうもわからないね。

原　探しちゃいましたよ。夏井川渓谷に沿う川前〜江田間はよかったですよ。でも、我々のちょっと後ろのほうの席に、久留里線（千葉県）がどうとか太多線《たいた》（岐阜県）がどうとか延々と話していた、「テツ」的要素皆無の、どう見ても普通のおばちゃん二人組がいたのには驚きました。しかも福島弁。地元の人なんですよ。あれは収録したらウケるだろうなあ。

酒井　私たちの横に母娘らしき二人組がいましたが、あれもどう考えても〝鉄子〟でしたよね。娘が二十代で。二人とも地図を片手に、ほとんど会話もせず、車窓を食い入るように見てましたよ。

関川　「親子ダカ」じゃなく「親子テツ」。

原　男同士の親子はよく見ますが、あれも「テツ」の新しい形ですね。

関川　福田和也さんの息子が「テツ」で、父親は息子に連れられて鉄道の旅に行くらしい。息子にとって原さんは憧れのスターなんだね。慶應高校の先輩でもあるし。

酒井　原さんは伝説的人物だったんじゃないですか？

原　伝説って、高三のころは〝鉄研〟にはほとんど出ませんでしたから。高一、高二とのめり込んでましたが、ふと自己嫌悪に襲われる時期があるんですね。そこでク

「入水鍾乳洞」、「あぶくま洞」観光後、神俣《かんまた》へ向かい再び磐越東線に乗車。いわきを目指す

ラブを鞍替えしたんです。

酒井　何部へ？

原　化学研究会。バケ学です。私、高三では理系のクラスでしたから。

関川・酒井　ワハハハハ（爆笑）。

関川　鍾乳洞もよかったね。最初は「えーっ、鍾乳洞かよ」みたいなノリだったけど、入ったとたん寒くて驚いた。原さんが決死の探検に臨む姿、いい絵が撮れたんじゃない？

原　あんな狭っ苦しいところにいい大人が無理矢理入っていくことなんてないですよね。

酒井　でも、相変わらず原さんが先頭を切って我々を導いてくれました。地下水にも入りましたしね。関川さんが小さな声で「怖いよぉ、怖いよぉ」っておっしゃっていて、いつの間にか一人で出て行っちゃってたのも面白かった。意外な弱点を発見……。

関川　老いた精神に閉所はこたえる。

酒井　あと、なぜ原さんは洞窟の中でも鞄を手放さないのか、という疑問も……。手荷物用のロッカーもあったのに。

関川　オタク的要素のある人って絶対に鞄を離さないよね。分身、というより一体なんだな、たぶん。

酒井　本当に大事なものが入ってるからとか？　さっきの、田園都市線についてのメモとか（笑）。

原　単に軽いからですよ。軽い鞄をわざわざ金払ってロッカーに預けたくないという貧乏根性のなせるわざかな。

関川　圧巻は、原さんが力説していた日立駅の駅そば・海華軒の文字どおり真ん前に特急が停車したとき。ボロくて渋くて。トタンの錆び具合なんかは素晴らしい。あれこそ〝裏〟絶景だよ。

酒井　店を一人で切り盛りしていた海華軒のおばちゃんは、あのスタンドの狭い空間を完全に自分の意のままにしていましたね。

原　言ったでしょ、日立は違うって。あれはオタクにはわからない。

酒井　お客のおばちゃんもすごくって、車窓越しに見ていた私たちを半端なくにらみ返していましたよね。一箸ですごい量のそばをつかみながら、「見世モンじゃねえ」って感じで。

関川　あのおばちゃんもタダ者ではなかった。こっちの視線を受けると、背筋をぴんと伸ばして、昭和三十年代的ガンをとばした。こちらも姿勢を正さざるを得ない。

原　あの意識の高さなんですよ。NREごときじゃ出せませんよ。

関川　次の町内会の旅行だけど、酒井さんの希望は八高線（八王子〜倉賀野《くらがの》間。運行上は高崎まで）？

酒井　はい。過去、一回乗ってあまりに暑くてギブアップしているので。

関川　で、担当のS君は城跡の石垣が見たいと……（笑）。ぼくは八高線の分岐が好きなの。八王子方面に上り線が分かれる直前、一時高崎線の下り線を走る。S君なんかわかんないかもしれないけど、これはね、高速道路逆走と同じくらいギョッとすることなんだよ。

原　なるほど、わかった！　それは八王子から乗ったのでは見られないんですよ。八高線って厳密にいうと高崎でなくひとつ八王子寄りの倉賀野で高崎線から分かれるんですけど、分かれたと思っても実はなかなか分かれない。

関川　そう。しばらく高崎線を走り続けて、駅の手前でおもむろに分かれる、そこんとこ。興味ない人はまったく感動しないんだけど（笑）。

原　いや、深いですよ。関川さんの分岐に対するこだわりがよくわかります。

酒井　日本の名分岐ですね。

原　八高線にはもうひとつポイントがあって、寄居《よりい》と小川町なんですが、ここで二回東武東上線に寄り添ったり、分かれたりするんです。説明が難しいんですが、ここも見どころです。

関川　まあ何度も言うようだけど、普通の人は全然感動しないというところに、逆におかしさみたいなものを感じて、ぼくは好きなんだね。

酒井　例えば原さんの力説を聞いて、周りでニヤニヤしているとか。

関川　みんなで原先生の指導を仰ぐ。同時にみんなで原さんをなだめる。そんなふうに前向きにやっていけば、どんな材料でも面白くなると思うよ。

（二〇〇八年八月四日）

第三章　大人の遠足で行こう

八高線&秩父鉄道SL急行パレオエクスプレス

秩父鉄道のSL急行パレオエクスプレス乗車前に記念撮影。三人とも自然に笑みがこぼれている。蒸気機関車の力はかくも偉大。三峰口にて

関川　まず今日は、原先生のお祝いをしないといけないな（『昭和天皇』〔岩波新書〕で第十二回司馬遼太郎賞受賞）。

酒井　おめでとうございます。早速、乾杯ですね。

原　候補作になっていたのも知らされていなかったので驚きました。受賞の電話があったのが、ちょうどSLに乗っているときでしたし。

酒井　前回（福島・磐越東線の旅）も直前に原さんが講談社ノンフィクション賞（現・講談社本田靖春ノンフィクション賞）を受賞されてましたよね。

関川　ぼくたちは幸運を呼ぶ同行者なんだよ。でも、電話がかかってきたとき、向こうにSLの汽笛が聞こえちゃったんじゃないの？（笑）

原　思いっきり聞こえていたと思いますよ。列車の中だったので、最初は携帯電話が鳴っても無視していたのですが、あまりにしつこく鳴るので、不機嫌に出て「ハイ……ハイ」とか答えていましたが、受賞だと聞いて思わず大声を上げてしまいました。しかし相手は汽笛を聞いて、「また汽車かよッ」みたいに思ったんじゃないですか。最近は大学が忙しくてそんなに列車には乗れないんですけどね。でも「関川さんも一緒です」と伝えると、「あー、そうでしたか」と妙に納得していました。

関川　妙に納得されるとは、少なからず不本意だ。

日本の名分岐を語ろう！

原　では、本題に入りましょう。今日は八高線の分岐を見るという目的があり、高崎から出発しましたが、そもそもは、関川さんが前回の鼎談で倉賀野～北藤岡間の分岐について話されたことがきっかけでした。

酒井　分岐に文学性を見出されたところですね。

原　関川さんに言われて、私もはたと気付いたんですよ。いままでそこまで注意して見てなかったけど、たしかにあれは面白い。しかもそこだけではなく、八高線は分岐という観点で見ると、これほど面白い線はないんです。寄居～小川町間で東武東上線に寄り添ったり分かれたりするとか、東飯能で西武池袋線が分かれると思いきや、また近づいてきて、オーバークロスするとかですね。

酒井　単に線路が分かれているところはいっぱいあると思うんですが、関川さんがグッとくる分岐というのは？

関川　何といえばいいんだろうね。分岐でも中央本線と山手線が分かれるところは、お茶の水と昌平橋は別にして、グッとこない。文学じゃない。だけどローカル線の分岐には、しみじみと感じ入ってしまう。二度とは会えそうもない悲哀のこもった分かれ方が好きなんだろうね。昭和三十年代的駅頭の別離。

原　俎《そ》に上がった最初の分岐について簡単に解説すると、八高線というのは、倉賀野駅を出た後、しばらく高崎線の線路を走るんです。烏川《からすがわ》という利根川の支流があって、鉄橋を渡ってもまだ続きます。ところが、急に徐行しはじめてそろそろ停まるのかと思うと、いったん真ん中の線路に入り、そして下り線に入っていき、下り線を逆走する形でしばらく走るんです。そこからようやく高崎線と八高線とに分かれるんですが、分かれたと思ったら、もうそこは次の駅なんです。北藤岡という駅は、はっきりいって高崎線にあってもいいわけです。

酒井　ほぼ変わらないわけですね。

原　あそこに取ってつけたようにあるというところに、北藤岡駅の悲哀があるんです。どうして高崎線に入れてもらえなかったのか。高崎線のほうが圧倒的に本数は多いですし、上野まで一本で行けます。群馬藤岡駅みたいに完全に八高線の駅として独立していれば、そういった未練も生じようがないんでしょうけど、駅のすぐ目の前を高崎線の線路が走っているわけですから。私は、そこに関川さんのいう文学性を

八王子～倉賀野間を結ぶ八高線（運行上は高崎まで）。高麗川を境に、電化（南）と非電化（北）が完全に分かれ、北は気動車による運転

感じるんですよ。

酒井　意外に建て込んでいるところの分岐がお好きなんですよね。つまり、分岐といっても複雑な行程を経ていて、下り線を逆走したりとか、離別には手間がかかる、ということを感じさせる。そういう部分に関川さんは感じるものがあるということですね。

関川　分岐を先頭車両から見ながらカメラマンのM君に一生懸命説明したんだけど、あんまり感動してくれないんだね。「君、逆走がどれほど怖いことかわからんかなあ」と言っても、反応が薄いんだ（笑）。

酒井　原さんから事前にレクチャーは受けていましたが、徐行しはじめたときにすごいリアリティを感じました。あ、もうすぐ「わかれ」がやってくるなって……。

関川　普通であれば左側の別線に出て、高架で本線を越えたりして分かれていくものなんだ。高速道路の逆走めいたことをしなくてもすむ構造にするのが鉄道の鉄則なんだけどね。

原　そもそも、あれは倉賀野を出たところから別々の路線にするのが普通なんですよ。高崎線の線路をずっと走るということ自体が異様。中央本線と身延線、篠ノ井線と大糸線、しなの鉄道と小海線など、一駅とか二駅の間、二つの線の線路が並行している区間はけっこうありますが、最初から独立すらしてないわけです。

関川　八高線という呼称自体がフィクションだね。本来は倉賀野〜八王子間の倉八線。八倉線?だろうね。だとしても、高崎線の線路を走っていて突然分かれるところが、老人の家出のように劇的かつさびしい。そこをぼくは力説したいわけ。

酒井　高崎線が、いつまでも八高線のことを〝俺の女〟だって言ってる感じですかね。

原　それ、すごくいい線いってる(笑)。私はあれを「同棲破局型」分岐と呼んでいる。

関川　でも、もともとそこに愛はないね。高崎駅のホームからして、一面のホームの片側が2番線、反対側が4番線。不思議に思いながら歩いて行くと、ホームのずっと倉賀野寄りの部分が半分欠けになっていて、そこが八高線用の3番線だという。なんと冷たい扱いだろう。

酒井　だから、あれは〝俺の女〟という意思表示でもある……。

関川　でも、あれじゃわざわざ遠くから来てくれたのに、セックスが済んだらさっさと帰れって感じ（笑）。

八高線に見る悲哀とは？

原　ここで鉄道マニア的な知識を披瀝すると、あのタイプは頭の中にもうひとつだけあるんです。豊橋から飯田線と名鉄がしばらく同じ線路を走っているんです。

酒井　それはどっちが間借りしているんですか？

原　あそこは名鉄が間借りしています。飯田線の駅を二つ過ぎると、その先で突然分かれてしまう。間借りしていた名鉄が初めて独立して、晴れて名古屋のほうに向かっていくんです。

関川　東海道本線も並んで走っているのに、その二つの駅には停まらないよね。

原　そうです。だから東海道本線は交わらずに並行しているだけ。豊橋の先というのは複雑な区間で、一見、東海道本線と飯田線だけが並行して走っているように見えますが、いま言ったように飯田線の線路の上を実は名鉄もまた走っていると。

酒井　奇妙さはわかりますが、八高線のような文学性はどうなんでしょう？　ずっと一緒にいた二人が、突然わかれてしまうというようなロマンスは（笑）。

関川　ものすごく狭い部屋に秀才の兄とヤンキーの弟が、口もきかずに一緒に暮らしているっていう「文学」？　市役所勤めのいとこも同居。でも、やっぱりつきあいはない。北藤岡の駅のホームってすごい短いじゃない。長い列車は絶対に停まらないという想定のもとにつくっているね。十坪の家の玄関脇に、無理矢理二畳間を建て増したみたい。そこに戦争未亡人が子供連れで越してきた？　やっぱり八高線の分岐のほうが昭和三十年代的物語だね。

原　今回、我々は終点の高崎のほうから上っていったわけですが、ほんとは八王子から下っていくのが正しい乗り方なんです。そのほうが八高線の分岐の具合がよくわかります。八王子駅では八高線は中央線上りホームに接した1番線に入線します。そこは本来、北口のターミナルに一番近い一等地にあるんですが、中央線の上り電車と並行して出発し、すぐに堂々と分かれていくんです（笑）。

これが八高線の名分岐。高崎線の上り線からいったん真ん中の線路に移った後、さらに下り線へと入っていく。そして、しばらく線路を逆走するかたちで走った先で、八高線へと分岐していく。名付けて「同棲破局型」分岐

酒井　堂々と旅立っていく感じでしたね。

原　そう。分かれ方にも風格があり、中央線にも引けをとらないんです。でも、高崎に近づくやあの体たらくですよ。すっかり落ちぶれてしまうんです。

関川　高麗川《こまがわ》から北は超ローカルな印象だね。なんていうか、学校群制度しばらくのちの都立高校の味わい？　あれはミノベ（美濃部亮吉・元都知事）の通俗民主主義が悪い。

酒井　よくわからないんですけど。

原　つまり、八高線は八王子と川越線の川越を結ぶ線となり、高麗川以北の八高線は落ちぶれてしまった。高麗川から先はほとんど見捨てられた田舎の学校ですよ。高麗川の南側と北側では元から扱いに差がありましたけど、八王子〜高麗川間が電化されてからはすべての列車が高麗川乗り換えとなり、さらに拍車がかかったんです。

関川　でも、しょうがないよ。駅間が七キロもあるような寂しい地域だったんだからさ。

原　東京から高崎まで、新幹線ができる前は在来線、高崎線を使ってたわけでしょう。特急「とき」とか「あさま」とか。そういうのに上野から乗って行くと、倉賀野の手前で八高線が合流してくるのが見えるんです。高校生のときに修学旅行で高崎線の特急に乗って行ったんですが、周りに「ここで八高線が合流するんだ」と解説すると、みんな「えっ」と驚くんです。八王子ばかりか、拝島《はいじま》、東飯能、越生《おごせ》、小川町といった西武や東武の乗換駅をも結ぶ線にしては、倉賀野の手前で合流する八高線はあまりにもひどい落ちぶれ方なんです。

酒井　でも、それって原さんの同級生みんなの共通認識なんですか？　それとも〝鉄研〞（鉄道研究会）の仲間内だけの話？（ニヤリ）

関川　〝鉄研〞はセンスとして、自ら望んで孤立するからなあ。

原　共通認識ではないですね。しかし私が説明すれば納得する程度には知っていたと思います。

酒井　ふーん。高崎の人にしてみれば、八王子は、都下とはいえ東京じゃないですか。その東京から来る列車みたいな華やかな扱いはなかったんですかね？

原　それはない。東京の本家は上野から来る高崎線ですからね。高崎線といえば、前身の日本鉄道の開業に際して明治天皇が乗った線であり、国鉄時代、全国でも三つしかなかった黒字路線のひとつですからね。ちなみにあとの二つは新幹線と山手線です。

気分はロイヤルファミリー

原　今日はちょうど秩父鉄道でSL（パレオエクスプレス）が運行する日だということが直前にわかり、急遽《きゅうきょ》、SLにも乗ることにしたんですが、どうでしたか？

関川　楽しかったよ。おまけに今日は秩父夜祭の日で、とにかく田舎で人出が多いのは嬉しい。みんなSLを見物してるんだけど、なんだかぼくらが見物されているようだったね。

酒井　気分は皇室の一般参賀みたいでした。手を振っている人がいたら、必ず振り返すことをモットーにしているので、私は紀子さまをイメージして振っていました。でも、みんな嬉しそうにニコニコ手を振っているのを見て、外からSLに向かって手を振るほうが楽しいんじゃないか、なんて思ってしまいました。みんな、駅や沿線でSLがやってくるのを待ちわびてるんですね。

原　待っている列車が来る高揚感というのは、ちょっと乗っている人間にはわからないですよね。

関川　SLは走ってる姿を見るのが面白いんだろ？　乗ってること自体はそんなでも

ない。煙が車室に入ってくるとかさ、何かが起こってくれないとね。

酒井　でも、蒸気の力で引っぱられる感覚は面白かったです。ゆっくりと走りだして、徐々に加速していく感じは有機的で、やっぱり電車と違うなあって。関川さんは子供のころ、ＳＬに乗った記憶ってありますか？

関川　あのころは実用品だったからなあ。

酒井　珍しくなかったんですね。

関川　小さいころはＳＬが来るとハシャいでたけどね。でも、中学のころにはもう古くさいイメージのほうが強かった。ＳＬは、むしろ反進歩主義の象徴で、廃止されるのも当然だ、みたいな。

原　国鉄の旅客営業としてＳＬが走っていたのは、一九七五（昭和五十）年十二月まで。室蘭本線ですね。今日乗ったのはＣ58ですが、Ｃ57というのが最後でした。

関川　ＳＬの歴史的役割は百年で終わった。

原　ちなみに、西武秩父線は一九六九年十月開業なんですが、家族で乗りに来たことがあるんです。開業して最初の日曜だったので、今日なんかよりよっぽど混雑していました。特急「レッドアロー」は高嶺の花で乗れなかったんですが、そのころと比べても、秩父鉄道の駅舎って変わってないですよ。ある時期から時間が止まってるんですね。

酒井 駅員さんや乗務員の人たちものんびりしてましたね。乗客と一緒に写真撮ったり、客席にボーッと座っていたり。手持ちぶさたもいいとこでしたね。

原 完全に観光用で競争する必要がないですからね。

酒井 その割には駅員さんがポスターを手売りしていましたよね。「残りあと三つでーす」とか(笑)。でも、そんな雰囲気の中でチビっ子とか、あとおじいちゃん、おばあちゃんとかが一生懸命手を振ってくれるのは嬉しかったです。

関川 心に沁みたね。原さんは少し離れて座ってたけど、何を見てたの?

原 ……マニアです。沿線でSLを撮影するマニアを観察していました。

関川・酒井 …………!!

SLに見るマニアの形

原 いろんな乗客がいましたが、それぞれただの鉄ちゃんじゃなかったですね。

関川 我々の隣の席に子供を二人連れた母親がいたね。上の子は靴から水筒、リュックまで全身「きかんしゃトーマス」だったなあ。乗務員に「車掌室まで来ていいよ」って声をかけられて、嬉しそうについていく。母親が心配そうにあとを追う。あの雰囲気は昭和だ。

原　一人、車内にすごいディープな女性マニアがいたの気付きました？　三峰口《みつみねぐち》に着いたときから妙に目立っていたんですが。

酒井　いわゆるライトな鉄子ではなく？

原　通路を行ったり来たりして、駅でも率先して写真を撮りまくっていました。それも一人で。

酒井　マニアのカップルもいましたよね。たぶん男性がマニアで、女の子にいろいろ教えていました。「シゴハチ（C58）」とか（笑）。

原　SLというのはリトマス試験紙みたいなもので、隠れているマニア性のようなものが焙《あぶ》り出されてくるわけじゃないですか。普段は社会の中に溶け込み、紛れ込んでいるものが、あのSLが一本走っただけで浮き出てくるというのが面白いんです。マニアそのものというよりも、マニアが浮かび上がってくる現象ですね。

関川　あとは〝撮り鉄〟の方々だね。原さんがおっしゃったように、要所要所に待ち構えていた。SLの煙が姿よく流れる瞬間を狙ってるんだね。それにしてもすごい数だった。

酒井　鉄道用地内とか関係なく線路のすぐ脇にまで入り込んでましたね。ちょっと前に鉄道を撮ろうとして電車に轢《ひ》かれる死亡事故があったんですが、今日のを見るといつでも起こりうるな、という感じですね。鉄に生き、鉄に死ぬ。まさに殉職。

原　そんなの同情の余地もないでしょう。

酒井　数年前に鉄道マニアの間で話題になった『月館の殺人』（佐々木倫子、原作・綾辻行人、小学館）というマンガがあって、そこには撮り鉄同士の熾烈《しれつ》な撮影ポイントの奪い合いが描かれていたりするんですが、写真を台無しにされたことで殺人まで起きるの、わかる気がします。

原　要するに、いい撮影ポイントを奪われた恨みで人を殺しちゃうってこと？

酒井　撮影ポイントを奪うというのは罪深いことだという……。そう考えると今日のマニアの方々は紳士的でした。あと、撮影ポイントでは、不用意におしゃべりするのもNGなんですよね。写真だけでなく、ムービーで音を録っている人もいるから。

関川　〝業界〟は複雑なんだねえ。

原　ああいう〝撮り鉄〟の人たちにとっては、その道の大家である広田尚敬《ひろたなおたか》さんとかが憧れとしてあるんですよね。広田さんはSLがなくなるころに写真集を立て続けに出して、すごい話題になった。一九八〇年くらいから「鉄道ファン」が写真コンクールを始めるんですが、その審査委員長をやっていて、当時、そこに載ることが大きなステータスだったんです。

関川　〝業界〟は奥が深いんだねえ。

原　秩父鉄道の上長瀞《かみながとろ》と親鼻の間に荒川の鉄橋がありましたが、あそこが一番の撮影スポットなんです。撮り鉄の人たちもやっぱりあの手前の区間に群がっていましたよね。高校時代に「鉄道ファン」を毎号買ってたからよく覚えていますけど、あそこで撮られた写真がコンクールで金賞を獲ったことがあったんです。夕暮れどき、雲間がぱっと開けて、そこを貨物列車が通過していく写真でしたが、あれは見事でした。

酒井　関川さんは撮る趣味はないんですか？

関川　たまには撮るけど、メモがわり。

酒井　私は鉄道を擬人化したり、人生を重ねてグッとくることはあまりなくて、やっぱり乗ること自体が楽しいんですよね。関川さんもどちらかというとそうだと思いますけど。鉄ちゃんって人それぞれなんだと思います。

関川　ぼくはマニアじゃないし、マニアからも相手にされてないし。そのへんは原先生の領分なんじゃない。

原　いやいや、そんなことよりも関川さん、八高線の倉賀野〜北藤岡の区間を見た上で、最後、北八王子〜八王子間で通勤帰りのサラリーマンを乗せた満員の電車が堂々と中央線と合流するのを見て、なんでこんなに出世したんだって思いません？

関川　感じる。家族のアルバムを見返している気持ちになる。でもね、原先生には勝てんよ。この中でマニア諸君を沈黙させられるのは原先生だけだよ。

酒井　あの「きかんしゃトーマス」の子が将来立派なマニアに育って、「子供のころ、SLの中で原先生に会ったことがあります」って思い出してほしい（笑）。

もしも願いが叶うなら……

関川　この三人でこんなに電車に乗ってるんだから、そろそろ名誉駅長とかの話は来ないかねえ。

原　来るわけないじゃないですか（笑）。アイドルでもあるまいし。よけいな知識とかあるやつはむしろ疎まれるんじゃないですか。

関川　そうなんだ。

酒井　内田百閒さんがどこかの名誉駅長をやったとき、そのまま電車に乗ってどっか行っちゃってましたよね？

原　あれは東京駅ですね。たしか「はと」か「つばめ」かに乗ってっちゃったんですよ。

関川　あの人は芝居心というか、自己演出癖があったね。制服もきっちり着て、正式な辞令を受けて務めたんだね。でも、東京駅でパーティーもやる予定だったから、先生が熱海から引っ返してくるまで全員待っていた（笑）。まだ、文士は人に迷惑かけてもよいという時代だったからね。

酒井　仮に名誉駅長になるんだったら、どこの駅がいいですか？

関川　北藤岡。

酒井　無人駅で名誉駅長（笑）。

関川　いくらかでも役に立ちそうじゃない。掃除したり。

酒井　無人駅なら自主的に駅長をやれますよね。よーし、私がやるかって。勝手に制服着て。

原　東京からもっとも近い無人駅ってご存じですか？　鶴見線の国道駅ですよ。

酒井　国道の自主駅長ですか。ＪＲに気付かれないようにそ〜っとやる。猫飼ったり。そのうち、雑誌の取材がきたりするかもしれませんね。

関川　怖がって誰も来ないよ。壊れた人だと思われて。

酒井　私、ちょっとやりたいなと思ったのがありました。十八段スイッチバックで有名な工事専用軌道（通称・トロッコ）の立山砂防（富山県中新川郡）に乗ったとき、「連絡所」という駅のような場所で、おばさんが旗を振る役をしていたんです。それが作業員たちの心のオアシスになっているわけで、そのオアシス役をやってみたい。

関川　なんか、頼み込めばできそうな話だな。

（原氏、トイレのため中座）

酒井　原さんはなんですかね？

関川　原先生は、……たぶんだけど、JR西日本の社長だよ。文句があるはずだ。

酒井　義憤に駆られて、と。そういえば二〇〇五年の福知山線の脱線事故のときも、「小説新潮」誌上で川島令三さんと対談してましたよね。あんなドキドキする対談はほんとになかった。それにしても、原さんが席を外したとたん、原さんの話が異常に盛り上がりますね（笑）。ちなみに関川さんは？

関川　やっぱり北藤岡駅で掃除と猫。あそこで乗り降りする高校生たちの名前を全部覚えて、毎朝ちゃんと声をかける。二百人くらい（笑）。

酒井　良識ある大人として、タバコとか注意しなきゃいけませんね。

（ここで原氏戻る）

原　このホテル、やけにトイレが遠いですね。これが八高線のディーゼルカーだったらすぐに戻れるんですが。

関川　やってみたい仕事なんだけど、酒井さんは立山砂防の「連絡所」で旗振り、ぼくは北藤岡の駅長。で、原さんは何だろうって話。今日はそれで締めようってことになったんだ。ぼくはJR西日本の社長じゃないかと……。

原　違う違う。私がやりたいのはスジ屋。マニア用語だからわからないでしょう。ダイヤを作成する職人のことです。スジ屋になったら効率至上主義じゃなくて、遊びの要素も十分入れる。

酒井　遊びの要素とは？

原　つまり、単に速く目的地に行くってだけじゃないってことです。今日の秩父鉄道のSLもそういう発想じゃないですか。あれ、長瀞で各駅停車の電車に抜かれてたでしょう。ああいうのは効率至上主義からは出てこない。ああいう要素が、いまの世の中には求められていると思いませんか？

関川　たしかに。ホームに駅そば屋があって、ここで十五分停まるから全員食え、とかね。

原　そうです。だから、そば屋もなんでもかんでもJRの傘下に入れるんじゃなくて、地域独自のいい業者を入れるとか、そういう発想ですね。

酒井　時刻表にも、この駅にはいいそば屋ありますよ〜の〝そば印〟を入れる、みたいなことですね。

原　だから、今日の秩父鉄道でいえば、三峰口発熊谷経由上野行きのような、昔走っていた急行を復活させる。ついでに東京から九州に行く夜行も全部復活させる。そうすると、全然違った発想で考えられるじゃないですか。

関川　これはぜひ「小説現代」で提唱すべきだよ。ついでに我々の願いもグラビアページで実現させるとかね（笑）。さすが原先生、司馬遼太郎賞受賞者の発想は雄大だ。

酒井　最後はやっぱりそこに戻るんですね……。

（二〇〇八年十二月三日）

第四章

徹底検証　北陸駅そば五番勝負！

北陸本線

うまい駅そばに出会った満足感が漂う。二軒目に訪れた福井駅の「今庄そば」にて。まだまだ余裕の食べっぷり

かねてから駅そばへの愛を語り続けてきた原氏に率いられ（引きずられ？）、一行は、のぞみ・こだまと新幹線を乗り継ぎ、最初の目的地である北陸の玄関口、米原駅へと向かった。

原氏が立てた「北陸駅そば巡り」プランによれば、午前十時過ぎに米原をスタート、福井、金沢、富山、直江津と、約六時間で計五杯のそばを食べることになる。

しかも、

一、駅そばは五分で食す

二、うまいそばなら完食

三、真に楽しむなら天ぷらそば

なる「駅そば三箇条」の御誓文付きである。これまでのまったりした鉄道の旅ではダメ！　といわれ、にわかに緊張感が走る……。

米原駅◆一〇時一五分着↓一〇時五九分発　特急しらさぎ

そばを茹《ゆ》でる湯気がホームに立ち籠める。まず一軒目は、明治二十二年創業の老舗「井筒屋」（二〇二〇年に閉店）。原氏のお目当ては名物「よもぎそば」だったが、なんと、そばが未着でうどんのみの営業。ということで、原氏は「きつねうどん」、関川氏は「天玉うどん」、酒井氏は「梅うどん」を選ぶ。各人、本日一食目とあって余裕の食いっぷりであった。

原　「よもぎそば」がないのは残念でしたが、ここは店構えもオープンエアでいいですし、ツユは関西風で絶品。今回の目的地は北陸ですが、ちょっとだけ関西に来たような気分に浸れました。

酒井　朝食がわりに、美味しかったです。駅そばは、いまのはうどんでしたが、普段あまり食べないのでちょっと感動しました。原さんのこれまでの力説っぷりがわかった気がしますね。

関川　腹が減ってたから、うまかったね。でも、玉子はツユの味がわからなくなるから、この旅ではやめておいたほうがよさそう。
原　ここに来るまで車内でもずっと仕事のゲラに取りかかっていて、頭もそっちに行ってましたが、この一杯で完全に切り替わりました。
酒井　関川さんは追加でおそばも食べてましたけど、どうでした？
（そばは遅れて到着。関川氏のみ「きつねそば」を追加した）
関川　そばもうまかったよ。このお店もはじめは閑散としていたね。寂しい立ち食いそばってのはなんとなく情けないけど、連絡列車が到着したら一気に混んだね。
酒井　次々にお客さんが来て、それをおばちゃん一人で捌《さば》いていく様子が、見ていて気持ちよかったです。
関川　ということは、我々は彼女が休むべき時間をジャマしてしまったのかも。
原　井筒屋というのは有名な駅弁屋なんです。私も最初に食べたのは弁当でした。去年、新幹線のホームにある店で「よもぎそば」を食べて、それが美味しかった。
酒井　そばによもぎが練り込んであるんですか？
原　そうです。だからそばなのに、草餅みたいな色をしている。あれが食べたかった。でも、うどんにも満足しましたね。かなり得点高いですよ。
関川　単に腹が減ってたんじゃなくて？

米原駅　井筒屋

そばが未着で名物の「よもぎそば」が食せなかったのは減点だが、関西風のうどんのレベルも高く、原氏は見た目の良さも加味して4点。ただしお揚げと天ぷらは小さめ。在来線ホームの地上駅スタンドは開放感抜群。メニューは他に「玉子そば」「おぼろそば」など。経営する井筒屋は1854年創業の老舗駅弁屋（元は旅籠）で、店では弁当も一緒に売っている。関川氏の店のおばちゃん評は、「混んでくるとイライラしはじめて怖かった」。

	関川	原	酒井
そば	★★★☆☆	★★★★☆	★★☆☆☆
店構え	★★★★☆	★★★★★	★★★★☆

きつねうどん

原　それもまあ認めますけどね。関西風の昆布ダシの香り、うどんとツユの調和、麵のフワッとした感じ、のどごし。そして何より大事なのが、出てきたときの見た感じですね。素朴な器に盛られた青いネギと赤く縁取られたカマボコ。あれが抜群。一目見ただけでこれはイケる！　って思いましたね。

関川　本気でいってる？（笑）

原　あとですね、お揚げもよかった。関西だとたいがい大きいんですが、井筒屋のは慎ましやかで、全体のバランスの中でアイデンティティを保ちながら、それが度を過ぎていない。

酒井　朝から酔っ払ってませんか？（笑）

原　いやいや、酒井さんの感想は？

酒井　原さんの後だとすごくいいづらいんですけど……。私はまず「梅うどん」があるのに感動しました。飲み過ぎた翌朝にはとてもいいメニューでは。味も関西風というか京都を感じさせる柔らかみがあって、麵のコシ、ダシともにクオリティが高いと思いました。

関川　ぼくはさっきもいったけど、腹も減ってたし美味しかった。でも、今日は先が長そうだからさすがにツユは残した。

酒井　全部飲んでいたら塩分過多になりそうです。

関川　天ぷらはかきあげだったんだけど、鉋《かんな》で削ったように薄くて不満だな。あれで百円は、ちょっとね。原さんが推す「よもぎそば」がなかった今回は、「梅うどん」が正解だったかな。

酒井　「梅うどん」はオススメです。おかかも載って、お麩《ふ》も雅《みや》びな感じで。

関川　でも、店のおばちゃんが怖かったよ。混んでくると、明らかにイライラしはじめた。

原　でも、おばちゃんが怖い店はうまいという説もあります。

関川　客が怖い店もなんだからまそうだけど（笑）。日立駅のお店、覚えてるでしょ？（第二章参照）何という店だっけ？　お客のおばさんにガンとばされた。あれは食べてみたかった。

酒井　なんで駅そばはおばちゃんが作ってるんですかね？　お姉さんがやっててもいいのにって思うんですけど。ギャルそば。

原　ギャルがやってたらズルズル音立ててられないし、かしこまっちゃいますよ。やっぱり、あの短い時間でサッとスピーディに食べる豪快さがなければダメですね。駅そばの流儀に反する。

関川　それにしても、原さんは食べるのが早い。二分くらいじゃない？
原　駅そばはスピードが命です。流し込むのがいいんです。
酒井　猫舌には辛い流儀ですね。
原　駅そばで味の次に欠かせないのが店構えですが、米原はいまだに地上駅でスタンドも露店。このロケーションがいいですね。
関川　屋根の下に屋根があるというのは処刑場のスタイルだけど。
原　米原は関西方面、東海方面、北陸方面とジャンクションになってホームも分かれています。関西方面の新快速のホームは味のない屋根のちゃちなホームになってしまいましたが、我々が駅そばを食べた北陸方面と東海方面のホームは屋根がまだ国鉄時代の面影を残しています。あれを眺めながら食べる駅そばがいいんです。あそこにはまだ昭和がある、それを確認できるんです。次の福井は高架駅で、つまんない駅になっちゃったんですよね。
関川　新幹線を呼ぶためのデモンストレーションなんだろうね。
原　駅そばは景観が大事です。

名古屋から富山・和倉温泉までを結ぶ、特急しらさぎに米原から乗車。車両は特急サンダーバードでお馴染みの683系

福井駅◆一二時〇二分着↓一二時三二分発　特急サンダーバード

四年前（二〇〇五年）に高架化されたホームはさすがにまだ新しい。北陸線沿線の駅そばはホームの高架化とともに消えていく傾向にあったが、旧駅舎時代から人気の高い「今庄そば」は健在である（ホームにあったお店は現在は閉店）。

福井といえば、茹でたそばに冷たいダシと大根おろしをぶっかけた「おろしそば」が名物。「温かいそばは邪道」との声もある中、なぜか今庄そばだけは温かくても認められているという。ここでは、原氏と関川氏は「天ぷらそば」、酒井氏は「きつねそば」を頼んだ。まだまだ二杯目。次の列車までの時間も余裕があり、にこやかに平らげる三人であった。

原　今庄そばを食べたのは初めてでしたが、はっきりいってしまえば、一杯目ほどの感動はありませんでした。とにかく店の構えが気に入りません。高架化とともにリニューアルされて、スタンドを囲ってしまったんですが、それが駅そばとしてのよさを台無しにしてますね。

関川　原さんは昭和のにおいがしないと、ヤなんだ。

酒井　そばそのものはどうだったんですか？

原　そばは美味しかったです。ツユもいいですし、コシのあるしっかりした太麵で、ああいうタイプは久々に食べました。いまはなき八王子の玉川亭が営業していた「陣馬そば」がああいう太麵で、昔よく食べていたので妙になつかしかったですね。

酒井　私は店構えについては特に気にならなかったです。東京では薄いおダシのそばは珍しいので、それが駅で食べられるのが嬉しい。あとは、大きなお揚げが食べ応えがあって美味しかったです。気になった点は、ツユがややぬるかったくらいですかね。もうちょっと熱くしてほしかった。

福井駅　今庄そば

05年の高架化にともなうリニューアルで、囲まれたスタンドに。関東と関西の中間くらいの甘めのツユに太麺の組み合わせ。原氏は評価を落としたが、関川氏・酒井氏は比較的高評価。メニューは他に「にしんそば」「海老天そば」など。「今庄そば」は富山県の高岡駅にもあり（現在は閉店）、こちらにはそばとうどんを合わせた「チャンポン」というメニューがある。おばちゃん評は「好感をもった。あれぞおばちゃんのあるべき姿！」と関川氏イチオシ。

	関川	原	酒井
そば	★★★★☆	★★★⯪☆☆	★★★☆☆
店構え	★★★☆☆	★★★☆☆	★★★☆☆

きつねそば

関川　米原よりもツユが濃くて甘い。ぼくはこういうほうが好きだね。そばも太くて立派だ。原さんに逆らうわけじゃないんだけど、酒井さんと同じで店構えは気にならなかった。好感をもったのは店のおばちゃん。米原のおばちゃんが怖かった分、機嫌よく切り盛りしていた感じで、おびえずに済んでホッとしたな（笑）。

酒井　やっぱり店のおばちゃんも評価ポイントなんですね。

関川　ここも繁盛していたね。隣で小さい子供がスーツケースに座って食べていたのが印象的。ああいう子は原さんのように、生涯、駅そばを食べ続けるんだろうな、としみじみ思った。

酒井　店構えの話でいうと、カウンターでどこからでも客に出せるのが作業効率としてはやりやすそうでした。

関川　米原はもともと、二人で働く設計だったんだよ。それを一人でやるんだから、不機嫌にもなるよ。

原　でも、米原にはそれを補って余りある雰囲気がありますよ。なんといっても、米原のうどんにはまず視覚的にグッと来たんですよ。福井は一目見たときの印象がイマイチなんですよ。

関川　天ぷらは福井のほうが断然うまかったと思うけどな。

酒井　きつねもボリューミーでしたよ。

原　もちろん、食べてみたらうまいのはわかります。あと、「今庄そば」という屋号を大事にしているのも評価は高いです。米原はそば・うどんという文字のほうが大きかったですが、こっちは屋号をドーンと看板にしていますからね。米原はそばが用意できていなかったり、若干、やる気のなさを感じたのは確かです。

酒井　福井といえば「おろしそば」なのに、普通の温かいおそばなんですね。

原　駅そばだとやっぱり温かいほうなんでしょうね。次は金沢です。ここも高架化されていて、あまり期待できないかもしれません……。

関川　それにしても、一度も改札を出ない旅なんて初めてだなあ（笑）。

金沢駅◆一三時一七分着↓一三時三七分発　特急北越

金沢駅は島式ホーム三面七線を有する高架駅。ホーム全体が雪害対策のため屋根で覆われており、福井駅よりもさらに暗い印象がある。

金沢駅での接続時間は、今回最短の二十分。急ぎ駅そばを探すが、ホームのスタンドは休業（地元の人によると「あそこは営業時間が異様に短い」）。仕方なく高架下コンコース内の店へ。なんと、待合室の中にキヨスクとともに併設されていた（現在は金沢百番街に移店）。

店構えについてあれほどまでに力説していた原氏の顔色が一気に曇る。が、いかんせん時間がない。沈んだ気分のまま、三人はとりあえずかけそばの「小玉」を注文するのだった。

原　（長い沈黙）……いまのは全然ダメでしたね。まずホームの階段下にある時点でダメ。上の店にしたって、ホーム自体が暗いから雰囲気が悪いのは変わりません。

酒井　原さんの顔色が変わるのがはっきりとわかりました……。

原　続いてそばですが、ツユがダメ。明らかに化学調味料の味が強い。そば自体にも味がないし、特徴もない。とても食べる気になれませんでした。米原と福井では米原のほうがいいと言いましたが、あの二軒ではそれほど差はないんです。金沢は比べようがないほど落ちる。これなら「あじさい」（JR東日本傘下の日本レストランエンタプライズ、通称NREが経営する駅そばチェーン・あじさい茶屋）のほうがマシですよ。最初は味をみるために食べましたが、途中で止めてしまいました。

酒井　まずよい面から言うと、小玉・中玉・大玉と選べるのは有り難いですね。それ

金沢駅　白山そば

ホーム階段下の狭いスペースにつくられており、カウンターも狭く、閉塞感たっぷり。そばは歯応えがなく、ツユは化学調味料風味が強い。トッピングが豊富で、小玉・中玉・大玉と選べるのはポイント。が、そば・店構えともに低い評価が集まった。メニューは他に「白えびかき揚げ」「めかぶ」「山菜」（トッピング）など。あまりの狭さと暗さでおばちゃん評はできず。ちなみに金沢駅には立ち食いラーメンのスタンドもある。

	関川	原	酒井
そば	★⯪☆☆☆	★☆☆☆☆	★☆☆☆☆
店構え	★⯪☆☆☆	★☆☆☆☆	★★☆☆☆

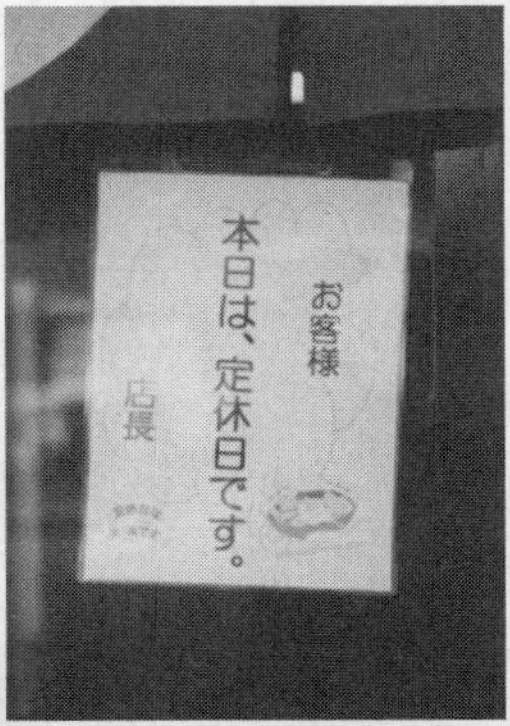

大仏コロッケそば

と、かきあげをはじめコロッケとかお肉とか、トッピングが美味しそうでした。いろいろ選べるのはいい。ただ、やっぱりダシが化学調味料風味で、塩分も強いので舌がヒリヒリしました。あれは致命的です。

関川 すごくしょっぱかった。けど、ぼくはそこまでまずいとは。うまいとも思わなかったけどね。ツユはトッピングで調整できるんだ。担当のS君が食べていたコロッケをちょっともらって載せてみたら、ちょうどよくなった。後味はまだまだしょっぱかったけどね。ショーケースにあった天ぷらなんかのほうが、そばよりもうまそうだったね。あそこで食べるなら、なんか載せないと。

原 私がいままで食べてきた中では、伊東や猪苗代《いなわしろ》に匹敵するまずさでした。これはきっと、忘れられない味になるでしょう。

関川 以前、あのカウンターは、おにぎり屋さんだったんじゃなかったかな。買って食べた記憶がある。

原 とにかく合理化なんですよ。従業員を減らして、なにもかもやるという。まあ、今回はまずくて残してしまった分、次に向けてお腹の具合を温存できたと考えます。

関川 店構えがとにかく狭かったね。地元の人たちも狭いスペースに詰め込まれて、大忙しで食べていた。

金沢から新潟までを結ぶ、特急北越。同区間内は他の特急も運行されている。使用車両は485系

酒井　三人もおばちゃんがいましたが、なんか忙しそうで、見るのを忘れてしまいました。

関川　一応チェックはした。あれだけの労働量だから、さすがに三人とも始終動いていたよ。顔立ちや表情は、奥にいてよく見えなかったんで評価のしようがないけど。

原　次に期待しましょう。次の富山は美味しいはずです。

富山駅◆一四時一五分着→一四時五〇分発　特急はくたか

列車がホームに滑り込むと、そこは地上駅。久々の地上ホームに自然と期待が高まる。雄大な立山山系を望む開放感のあるホームの外れに、目的の「立山そば」はあった(現在は改札横に移店)。

券売機にカウンター。中には割烹着のおばちゃん。万人のイメージどおりの駅そば。店先には「ダシが変わりました」と張り紙がしてある。原氏の顔がほころび、関川氏・酒井氏にも安堵の表情が浮かんだ。

ついさっきまでの倦怠感は一瞬にして払拭、にわかに食欲がわいた三人は、そろって定番メニューの「天ぷらそば」を勢いよく啜《すす》った。

原 いやー、元気になりました。金沢のときにはもう食べたくないと思っていたのが、俄然回復しました。まだまだイケますね。地上ホームにあの高い屋根。国鉄時代の趣です。「立山そば」は「源」という会社がやっているんですが、富山名物「ますのすし」だけじゃないぞ、そばもあるぞ、という強烈なアピールを感じました。張り紙がありましたが、ツユが絶品でしたね。比べてみると、福井のツユはもう少し油っこくて、天ぷらを入れるとしつこく感じたんです。ここのは、逆に天ぷらを入れることによってうまさが際立つ。そこまで計算してるんですよ。

酒井 原さん、絶賛ですね。

富山駅　立山そば

国鉄時代の趣のままの地上駅ホームに、オープンエアのスタンド。やや関東風のツユにしっかりと味のある田舎風のそばがマッチし、駅そばとしてはかなりの高レベル。そば・店構えともに最高得点をマークした。ネットの立ち食いそばサイトで上位に入る実力は本物だった。メニューは他に「かき揚げそば」「天玉そば」など。経営する「源」は、富山名物「ますのすし」で知られる。おばちゃん評は「清潔感があってよい」（原氏）。

	関川	原	酒井
そば	★★★★★	★★★★★	★★★★★
店構え	★★★★★	★★★★★	★★★★★

天ぷらそば

原　そのツユにそばが馴染んで、食べ進むうちにさらに調和し美味しくなる。そばとツユの融合、いや、もっと言えば、そば・ツユ・天ぷらの三位一体性。これぞ駅そばの醍醐味ですよ！

関川　すごいね。ヤマモトマスヒロが入ったね。

酒井　私は、まず見た目にインパクトを感じました。透明のツユに白いおそばではなく、ここのダシはどんな色でしたっけ？　田舎風のそばとのコントラストに惹かれましたね。それと、富山で初めて原さんのおっしゃる立地の重要性というものが理解できました。風に吹かれながら、明るいところで食べるよさ。空気も美味しいですし、それがまた調味料になってますよね。

関川　素晴らしいコメントだ。感動した。ほんとに酒井さんのいうとおり。

原　そう、この風情なんですよ。ホームでそばを食べながら、そのすぐ横を貨物列車が走り抜けていく。富山のこの風景も、きたる北陸新幹線開通（二〇一五年三月）に向けてもうすぐ見られなくなります。私はそのことを惜しみつつ、ゆっくりとそばを味わいました。

関川　お二人がいうように、ダシが違ったね。サバダシだって書いてあったけど、そばもうまい。これまで散々食べてきたのに、まだ食べられてしまうのが不思議だった。天気もよかったし、原さんがおっしゃるように貨物列車もとおったし、地上ホームで食べる爽快さを満喫できた。でも、この店もじきに消えてしまう。線路も片側はもう外してある。実に残念だ。

酒井　このホームは絶景ポイントですよね。立山山系があんなにきれいに見えるとは。

関川　あの山並みから水が怒濤《どとう》のように流れ落ちてくる。富山平野の水のよさもポイントなんだろう。だけど新駅がねえ。見た限りでは新幹線のホームを高架にして、在来線を地上の別の場所に移すという工事らしいけど、そうすると、北口にきている「富山ライトレール」（富山港線を流用した、富山駅北〜岩瀬浜間を走るＬＲＴ。二〇〇六年、ＪＲ西日本から第三セクターに移管され、二〇年、富山地方鉄道と合併）と南口の路面電車は繋がらないことになる。路面のファンとしては、もしそうだとしたら、すごく不満。そばは美味しかったけど。

酒井　ここのおばちゃんは普通のおばちゃんでしたね。特におびえる必要もなく……。

関川　一人で七杯も作らされて大変だったね。でも、忙しくないと労働って面白くないだろ？

直江津駅◆一五時五九分着↓一六時二四分発　北越急行ほくほく線

直江津は二〇一五年までJR西日本と東日本の境界で共同使用駅（管轄は東日本）となっていた。二〇〇〇年に改築され、豪華客船をイメージした橋上駅舎として生まれ変わった。ということは……。

案の定、改築前には各ホームと待合室にあったという駅そばはすべて撤去され、現在は北口に一軒残るのみだという。「イヤな予感がする」と呟く原氏。この旅で初めて改札を出る。

駅の階段を降りると、寂しい佇まいの「謙信そば」があった（現在は店名も経営も変わっている）。そして、看板の端には、ついに現れた「日本レストランエンタプライズ」の文字。肩を落とす一行。だが、後には引けない。原氏・関川氏は「かけそば」を、酒井氏はかろうじて名物度の高そうな「岩のりそば」を注文したのだった。

原　悪い予感が当たりました。まったく予期せず「あじさい」の味を確かめるハメに……。

直江津駅　謙信そば

二十年前にはホームにあったというが、現在は駅構内を出た北口ロータリーに構える。店内は狭いがイスが数席あり。直江津はJR東日本管内で、「謙信そば」はNREの経営。いわゆる関東風の濃いツユに茶色いボソボソとしたそばの組み合わせは、NRE経営の駅そばチェーン「あじさい茶屋」の味そのもの。メニューは他に「もずくそば」「かき揚げそば」など。「おばちゃんが狭いところに押し込められていて、義憤を感じた」（関川氏）。

	関川	原	酒井
そば	★☆☆☆☆	★⯪☆☆☆	★★☆☆☆
店構え	★☆☆☆☆	⯪☆☆☆☆	★☆☆☆☆

岩のりそば

関川　まずかったよォ。なんでェ？　ＪＲ東日本って、こうなの？

原　隣の駅までは西日本なんですけどね。語るまでもないですが、店のロケーションは最悪。なんせ、駅構内から閉め出されてますからね。店内は狭くて暗く、お話にならない。完全に東京に飲み込まれていますね。それを確認できたということには意義を感じますが、ホンネを言えば口直しに別の駅そばをもう一杯食べたいくらいですね。

関川　ホント？　探求心というか執念というか。でもさ、ＪＲ東日本管内にうまい駅そばって、あるの？

原　探せばまだあるはずです。それをいますぐ探しに行きたい！

酒井　新たな目標ですね。

原　皆さんに申し訳ない気持ちでいっぱいです……。二十年前にはホームにたしかにあったんです。

関川　なにもそこまで……。原さんにとって駅そばは道なんだ。駅そば道なんだね。

酒井　私はＮＲＥで食べたことがあまりないので、東京との差異はよくわからないのですが……。店構えはこれまでも断然寂しいですよね。岩のりはまあ、美味しかったですけど。

六日町〜犀潟間を走る北越急行ほくほく線。車両はオリジナル。12駅中８駅が無人駅だ

関川　最後にここに来てみて、北陸の駅そばのレベルが高いことが味に鈍感なぼくにもよくわかった。原さんの力説するところも、身にしみてわかった。福井と比べて富山はどうだ、とかいうのはすごい贅沢な水準のことだったんだね。

酒井　私は金沢のほうが美味しくなかったです。

原　NREがまずいといっても、駅そば全体の中では平均なんです。

関川　金沢も感心しなかったけど、「小玉」があって救われた。直江津はまずい上に量だけはあった。それがツユを吸って膨らんで、そりゃあ、もう大騒ぎだったぜ。

そして、ほくほく線　一六時五〇分

原　私はやっぱりこれで終わりたくない。もう一度富山の「立山そば」を食べてから帰りたい。

関川　今回の結論は、原さんは正しかった、NREはよくない、ってことだね。

酒井　そうですね、あと、私は外で食べるからこそ味わえる美味しさがあると初めて知りました。

関川　いろんな店があったけど、富山なんかのロケーションは最高だった。それも金沢や直江津のような店を見たからこそ実感できた。駅そばは思いのほか奥が深いね。全員、そば臭くなっちゃったけど。

原　まだまだ、食べに行ってみたい店がありますよ。北海道の新得にあるせきぐちとか、九州の鳥栖《とす》にある中央軒とか、昨年見た日立の海華軒とか。

酒井　ちょっと思ったんですけど、駅そばで働くおばちゃんが全員同じ年齢くらいなのが不思議です。みんな四十代くらいで採用されて、勤続二十年くらいに見えます。

関川　忙しいと怒りだすおばちゃんと、逆に元気になってキビキビ働くおばちゃんがいるね（笑）。

原　………。

酒井　原さんは、おばちゃんの話になると急にテンション下がりますね（ニヤリ）。

原　えー、だって興味ないし、おばちゃんについては語れませんから……。

関川　それじゃ、ぼくが。米原のおばちゃんは、忙しくなったときのイヤそうな表情が豊かだった。そばを作って弁当まで売って、一気に六杯も七杯も頼まれたら、そりゃあ怒りたくもなるだろう。ぼくは個人的には福井のおばちゃんに好感をもった。合理的に動いて、無用な自己主張はしない。おばちゃんのあるべき姿を見たね。

酒井　関川さんイチオシ⁉

関川　そういわれるとなァ……。どうでもいいことに情熱を傾ける面白さというか、全体としては、徒労の喜びというか。

酒井　ちなみに原さんの好みのおばちゃんは？

原　好みというわけではないですが、富山の方は清潔感がありました。

関川　でも、けっこう厚塗りしてたよ。直江津のおばちゃんは、駅の外の離れ小島に押し込められたみたいで、かわいそうだった。少なからず義憤を覚えたね。

原　……すいません。やっぱり、私にはおばちゃんの評論はできません。

（二〇〇九年三月三十一日）

第五章

「名駅」「変駅」「絶景駅」を訪ねて

名古屋鉄道&東海交通事業ほか

玉野川（庄内川）の渓谷沿いに佇む定光寺駅（JR中央本線）は、絶景の無人駅として知られる

「変駅」との邂逅を果たす

酒井　今日は、まずは西枇杷島駅《にしびわじま》（名鉄名古屋本線）からということで……。あそこは原さんが自信をもってオススメしてくれた〝変駅〟ですね。

原　西枇杷島のホームは、屋根もなければベンチもなく、上下線とも駅名標がひとつ立っているだけ、しかも幅員が狭すぎて列車到着の直前でないと客が入れない。ホームに電車を待つ人がいるっていう当たり前の駅の風景がないんです（二〇二一年にホームが拡幅されて客が常時入れるようになった）。

酒井　原さんはあの駅を新幹線の中から見つけたそうですが。

原　名古屋〜岐阜羽島間ですね。下りの新幹線はまだ加速する前だし、上りの新幹線はあそこで減速するので、あの三日月形した小さな二つのホームが剝き出し状態で目に入ってくるんです。

関川　新幹線じゃあまり外は見ないからなあ。見つけたら誰でも不思議に思うだろうね。びっくりしたね。

原　いつ見ても人がいないので、てっきり廃駅じゃないかと思いました。

酒井　原さんが実際に駅に行かれたのはいつだったんですか？

原　発見したのはたしか学生のころですが、実際に降りたのは、それから何年も経って、五年くらい前に「日本の駅百選」の取材で訪れたときです。

関川　駅のすぐ隣に短絡分岐の三角地帯があったけど、無理に作った感じだったね。あんなに狭い三角線は初めて見た。なぜかその三角形の真ん中の空き地に家が一軒ある。あれ、いったい何？

酒井　中州に取り残された家みたいでした。人が住んでるんですかね（笑）。

関川　土地の所有権とか知りたくなるね。球場のファウルグラウンドから立ち退き拒否しているみたいだ。

原　あそこは関川さんの好みだと思いましてね、今回は必ず行かなきゃと思っていたんです。

関川　好きだねえ、ぼくは。ああいう不条理なの大好き。でも、マニアには全然注目されていないでしょ？

酒井　たしかに聞いたことなかったです。

関川　見て何になるんだと言われると困るんだけどね。ホームも変で、とてもそられるけど。西枇杷島駅ほど電車がいろんな方向に見える駅もないんじゃないかと思うよ。名鉄だけでなくJR在来線も新幹線も見える。電車がいっぱい見えると得した気分になるね。構造的にも西枇杷島は変なんだ。ホームのすぐ先でJR在来線と新幹線の跨線橋下をくぐる。するとすぐ駅に着いちゃうものだから、上下線を妥当な曲線で開ききるには距離が足りない。で、半曲線のチョー狭い三日月形ホームにせざるをえないわけだ。話せば長くなっちゃうけど、一見びっくり、二見感動だなあ。

原　あそこはもともとああいった三角地帯になっていて、ポイントの切り替えの必要上、どうしても信号場のような駅をつくらなきゃいけなかったんじゃないでしょうか。西枇杷島のおかしさは、絵や写真を載せたほうがわかりやすいと思います。分岐点と駅のホームと。

酒井　変といえば、駅が踏切のようになっていて、駅自体がチンチン鳴っていたのがおかしかったです。ホームの入り口のところに遮断機がおりてきて……。

関川　駅員も怖かった。ホームに残って写真を撮ってたら、さあて、どう怒ってやろうかって顔して立ってたね。

酒井　仁王立ちして私たちをにらんでました。ホームから人を除けるのを生き甲斐に

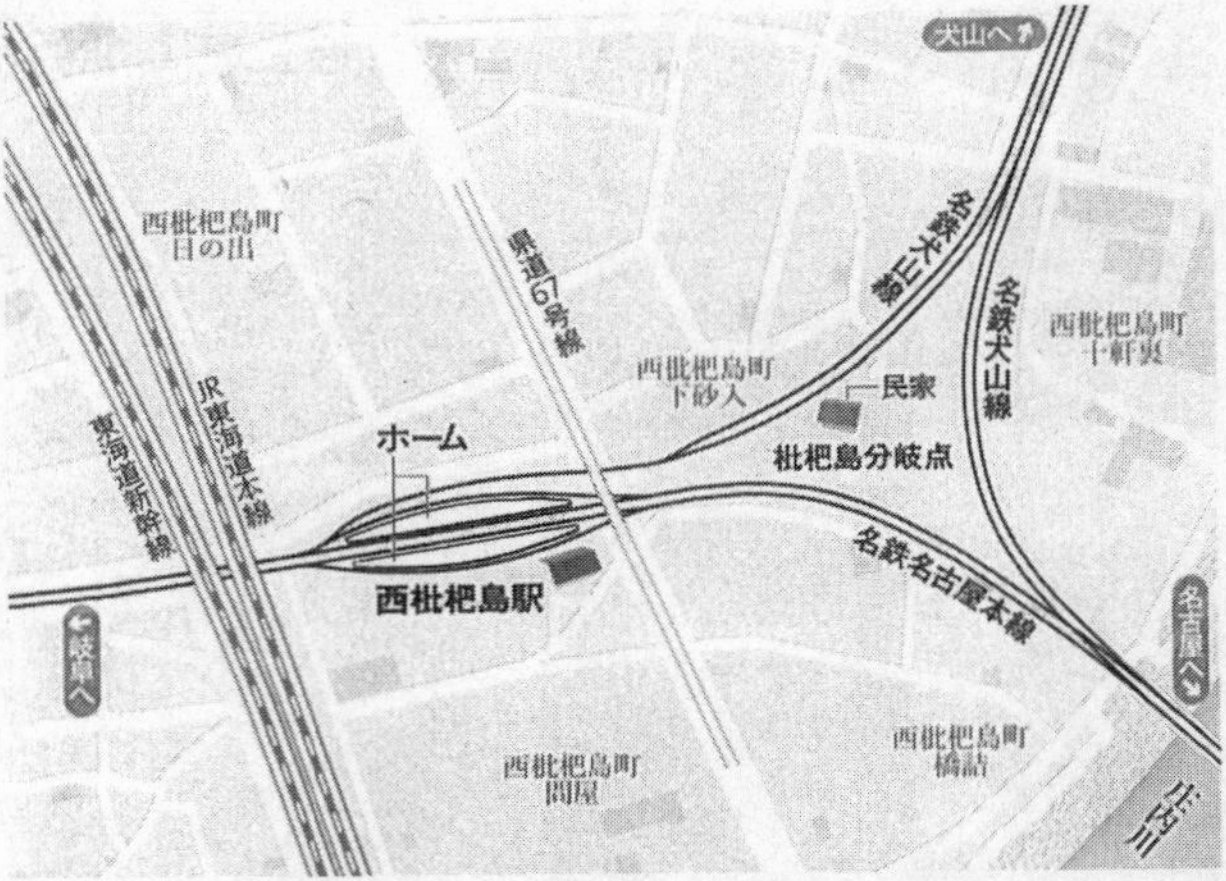

図のとおり、分岐点は西枇杷島駅と至近で、なおかつその先の東海道新幹線・東海道本線をアンダークロスする。また庄内川とも距離がないため、前後、高低すべてがネックとなり、立体化が困難となっている。ちなみに三角地内は名鉄の土地ではないため、民家も空き家のまま残っているのだという

西枇杷島駅から見た枇杷島分岐点。三角地帯を形成する急カーブが見てとれる。様々な要因から、三経路が行き交う高密度運行区間なのに平面交差、という矛盾が生じている

三日月形ホームの端はご覧の鋭さ。島式２面４線ホームだが、幅員が狭い。2021年にホームが拡幅された

西枇杷島駅に出会うまで

1 東海道新幹線を豊橋で下車した一行は、名鉄名古屋本線10時15分発の特急パノラマsuperに乗車

234 最後尾の展望車内で談笑する三人。名鉄名古屋には11時08分着

5 みそ煮込みうどんの名店で早めの昼食。腹ごしらえ

6 名鉄名古屋12時05分発佐屋行き普通列車に乗車。西枇杷島まで約5分

7 眼前には複雑な分岐が広がり、目的地はすぐそこ

8 12時09分。西枇杷島の三日月形ホームに到着

しているんでしょうか（笑）。

原　いまでも、地方のJRにはああいうふうに直前まで入れない駅があるでしょう。改札口が閉じられていて、十分前くらいになると開く。ただ、名古屋のような大都市の駅では、この西枇杷島を唯一の例外として、いまはもうないですよね。

酒井　マニアの間でも、西枇杷島駅のことはそんなに知られていないんですか？

原　うーん、おそらくあれを面白いと思う感覚は共有されていないと思います。マニアに知られているような駅だったら、行かなかったでしょうね。

「偉大なる田舎」たる所以

酒井　西枇杷島駅は名鉄名古屋からたった三駅だというのにあの風景というのは、やっぱり不思議に感じました。

原　西枇杷島に停まる電車も、昼間は一時間に二本しかない。乗ればたった五分で名古屋に行けるのに、三十分に一本しかないわけです。だから、名古屋は「偉大なる田舎」と呼ばれるのでしょう。愛知県というのは名鉄のほかに近鉄や豊橋鉄道も走っていますが、県内をくまなく結んでいる私鉄は名鉄だけです。しかし、JRとの競合区間は豊橋〜名古屋間や名古屋〜岐阜間など、都市と都市の間を移動する場合だけに限られている。それ以外の駅、つまり西枇杷島のように、特急も急行も停まらない小さな駅は名鉄の独占状態にあるわけだから、駅舎がどうであろうが関係ないんでしょう。

関川　都市の規模でいえば、京都や神戸みたいに競合する大手私鉄が少なくとも二社あっておかしくない。というか、あったほうがいい。かなり油断した経営という感じはするね。今日、最後に降りた布袋《ほてい》駅（名鉄犬山線）だって、あんなに都心に近いのに地上駅だし、改札の内側に踏切があったりする。古い駅舎（大正元年築）が有名らしいけど、大切に保存しているんじゃないね。ただ古くなっただけだね。あれに感動するというマニアのセンスは、わかりにくい（注＝布袋駅の高架化に伴い、二〇一〇年に古い駅舎は解体。「布袋駅舎保存会」が一部を譲り受けた）。

原　犬山線で名古屋に向かう途中、上小田井《かみおたい》という駅を通りましたが、あの辺りは高架にして新しくなっていました。でもあれは市営地下鉄鶴舞線が乗り入れているから新しくしたのであって、名古屋には近くても、乗り入れも何もない駅はますます取り残されていくんです。

関川　名古屋の相互乗り入れは、名鉄犬山線や名鉄豊田線と鶴舞線、名鉄小牧線と市営地下鉄上飯田線しかない。それでは沿線文化が生まれにくいだろう。

原　あとは、西枇杷島の分岐点近くを庄内川が流れていましたが、庄内川はよく氾濫するんです。一九五九年の伊勢湾台風のときがそうだし、二〇〇〇年の東海豪雨でも被害があったはずです。住宅地としてあまりいい場所じゃないんですよね。

酒井　たしかに名鉄沿線におしゃれイメージはありません。

原　首都圏や大阪圏であれば、小田急の成城学園前、東急の田園調布、阪急の芦屋川や甲陽園などのように、高級住宅街というと私鉄のイメージですよね。それが名古屋圏にはないんです。

酒井　今回、そんな名古屋の電車に乗ろうと考えたのはなぜですか？

原　要するに、マニアがあまり目をつけてない場所で、それでいて変な路線や駅があるということです。名鉄以外にも、城北線（東海交通事業　枇杷島〜勝川《かちがわ》間）に乗れましたし。

関川　城北線には驚いた。なんのためにある線かまったくわからなかった。しかも、意味なく立派。完全複線で全線高規格路盤の高架。それでいて非電化。わからないなあ。

酒井　終点の勝川は屋根もないしJR勝川駅まで変な距離があって……。JRの嫌が

枇杷島～勝川間を運行する城北線（東海交通事業）。全線が高架線、かつ複線という立派なつくりだが、非電化・一両編成・折り返しのワンマン運転で、運転本数も最大で一時間に三本。JR東海のICカード「TOICA」も使用できず利便性には疑問が残る

らせかと思いました（笑）。

原　枇杷島駅のように、終点も同一ホームで乗り換えられると思っていたので驚きました。

関川　勝川は、本来あそこを駅にする予定じゃなかったんだと思うよ。もう少し先まで進んで新勝川駅をつくるとか。途中でやめちゃったから、変な感じの終点になったんじゃないかな。

原　あれじゃ誰も乗りませんね。

酒井　城北線の勝川からＪＲの勝川までは、灯りもなく人気もなく、女性が一人で歩くには危険すぎます。

関川　たぶん環状線にするつもりだ

った、その一部じゃないかな。大名古屋市域をめぐる大環状がすでにあって、その内側にくる中環状。だけど、予算の関係で断念した？

原　環状線になっている市営地下鉄名城線が小環状。ということは、名古屋は日本で唯一、三つの環状線が走る街になるはずだったと。

酒井　北京みたいですね。でも、なぜそんなに環状線にこだわるのでしょう？

関川　愛知万博（二〇〇五年）じゃない？　城北線がその一部となったはずの中環状は、少しコースを外れるかもしれないけど、リニモ（愛知高速交通のリニアモーターカー・東部丘陵線。藤が丘〜八草間）の始発駅辺りを通って、南下したかったんだと思う。ついでにセントレアにまで繋ぐつもりで。

酒井　壮大な計画ですね……。

原　でも、そんな環状線つくる前に、西枇杷島をなんとかしろと言いたい（笑）。

都心を一歩、出てみれば……

関川　その次に降りた定光寺《じょうこうじ》駅（JR中央本線）は、観光客以外にはほとんど用のない駅なんだろうね。

原　その割には、一時間に二本と電車がよく停まるんですよね。西枇杷島と同じ本数ですから。

酒井　いわゆる絶景駅でしたね。目の前が川、背後には山が迫って。

関川　そうか。あれは絶景駅だったか。

原　私は西枇杷島も定光寺も「日本の駅百選」に入れています。

酒井　でも、ディズニーランドのビッグサンダー・マウンテンみたいで気持ちよかったです。

原　あそこはもともと、名古屋の奥座敷といわれ、目の前を流れていたのが庄内川（玉野川）です。西枇杷島と東枇杷島の間を流れていた川ですね。あれが上流にくるとこうなるんです。

酒井　ひとつ前の高蔵寺駅から、眺めが激変しますよね。名古屋からすぐなのにものすごく郊外な気がします。

原　昔はもっと賑わっていたんでしょう。釣りやキャンプ、ハイキングとか。たぶん、もっとお金のある人はさらに中央本線に乗り、中津川に近い馬籠《まごめ》とか南木曽《なぎそ》に近い妻籠《つまご》、あるいは木曽福島辺りまで出かけていたんだと思います。

酒井　中津川……、フォークジャンボリー……。

関川　そう、フォークの、いわゆるひとつの原点？　七〇年くらいだね。もうみんなジジイになっちゃったなあ。
酒井　あと、名古屋の人は休暇のとき、海水浴なんかはどこに出かけたんでしょう？
原　知多半島の内海《うつみ》（名鉄知多新線）が有名です。私も一度行ったことがあります。あとは新舞子（名鉄常滑線）の辺りでも泳げたみたいです。東京でいえば湘南のようなリゾートだったんですが、いまは郊外化して住宅地になっています。
酒井　蒲郡《がまごおり》もいいリゾートだったみたいですね。
関川　いまもいいよ。将棋のタイトル戦が行われる。結局、どこも名古屋から一時間もかからないくらい近い。
酒井　話を戻しますが、定光寺はいいお寺でしたね。
関川　お寺はよかったんだけど、まさか東海自然歩道なんて山道だとは。
酒井　ちょっとしたハイキングでしたね。汗だくで。でも、そんな中でも原さんは先頭に立ってズンズン進んでいきました。
原　いや、道に自信がもてないと、不安から早足になるものですから。企画者としての責任もありますし。
関川　行って戻って、計ったように電車の時間にピッタリ。定光寺で徳川義直（尾張

急斜面の崖にへばりつくようにつくられた定光寺駅。ホームの幅も狭く、特急などの列車が通過するときは風圧がスリリング

藩祖）の廟所を見るって言って、階段をのぼっていったでしょ？　あれも入れてだから、ダイヤ作成の名人だね。

原　いちいち計っていませんよ、時間なんか。

酒井　ほとんど人はいないのに、手を繫いで階段を上がっていったカップルがいました。

関川　初老のおじさんと中年増の組み合わせだったね。不倫という感じじゃない。でも夫婦とも思えない。長い石段の途中で立ち止まって、二人で辺りをゆっくり観賞したり。ちょっと憎かったなあ（笑）。

原　それより、その後乗った名鉄広見線（犬山〜御《み》嵩《たけ》間）で出会った、車内でブツブツ言ってた若者が気になりました。

関川　びっくりした。いるんだねえ、真っ昼間の普通の電車にも鉄ちゃんの完成形が。でも彼は名鉄を愛していたよ。それこそ時間を計っていちいち車両の先頭にやってくる。それで、反対車線ですれ違う電車の時刻を秒単位で確認している。我々が先頭に陣取っていたから、時々恨みがましくにらんだね。

酒井　彼は電車を降りたら普通の人なんですかね、ピタッと。意外と銀行員だったりして。

原　今日はマニア向けでもなんでもない企画だから、あの手には遭わないと思っていたんですが……。

酒井　あ、原さん、マニアに対する嫌悪感がまた顕わに（ニヤリ）。

関川　なぜか原さんの憎悪がマニアを呼んじゃう（笑）。

駅舎の哀愁、名古屋の哀愁

酒井　さきほどの話に出た布袋駅は、駅は古いものの、周りが殺風景で、情緒がなかったですね。

関川　名駅舎という言い方はないねえ。

酒井　布袋は『日本鉄道旅行地図帳』の「名駅舎100選」に選ばれているんですが、これぞ名駅舎！　みたいに規定されると原さんはきっとイヤなんですね。自分で見つけたい。

原　最初に布袋に行っていたら、なるほどと思ったかもしれませんが、西枇杷島や定光寺を見たあとだと、拍子抜けしてしまいますよね。

関川　ガイドブックに出ていたお店で食べてみたらだまされた、みたいな感じ。やっぱり名駅舎というのは、保存されている古い駅なんだろうね。門司港駅（JR鹿児島本線。国の重要文化財）とか？

酒井　それはどんな駅なんでしょう。

関川　漱石の『三四郎』で、三四郎が降りて、駅前の連絡船で下関に渡る。そこより先に線路のない櫛形ホームでね。でもぼくはわびしい駅が好きなんだ。昔は立派だったけど、無人駅に落ちぶれちゃった駅とかさ。駅務室をのぞくと、無人駅になったときの古いカレンダーがそのままかかっていたりする。

酒井　ポンペイみたいな話ですね（笑）。

関川　完全に打ち捨てられたわけじゃなくて、時々、地元のおばちゃんとかが掃除にくる。介護されているような駅。

原　わびしい駅でいえば、豊橋から名鉄名古屋に向かう特急の車内から見えた三河知《ち》立《りゅう》駅（名鉄三河線）のホームはよかったですよ。屋根、柱、看板。昭和の風景を完全にとどめています（二〇二四年三月に移設）。いまは隣の知立駅が乗換駅になって栄え、三河知立は忘れ去られたような小さな駅になっていますが、もともとは三河知立のほうが知立駅を名乗っていました。乗換駅のほうが栄え、街の中心もそちらに移って、そのまま放置されてしまう。地方に行くと割とあるパターンです。富山の魚津駅（JR北陸本線。二〇一五年からあいの風とやま鉄道）と電鉄魚津駅（富山地方鉄道本線）なんかも同じです。

関川　電鉄魚津駅のホームはJR魚津駅からよく見えるんだけど、さびれ方にシンニョウがかかっている（二〇一三年に改築）。全体、富山地方鉄道の駅のボロさ加減はすごいんだ。小津安二郎の『浮草』のラストシーン、国鉄参宮線田丸駅の駅のボロさ加減はわびしさも捨てがたいけど、三河知立駅はぜひ玩味したい。

酒井　私は、山間《やまあい》にポツンとある小さな駅が好きですね。日田彦山線（JR九州）の夜明《よあけ》駅とか、駅名も含めて、よかったなあ……。反対に、東京駅のような巨大駅も嫌いではありません。

原　今日、最初に降りた豊橋も、いまや名鉄が孤塁を守っている感じがして好きですね。周りは完全にJR東海に制圧されている中、かろうじて3番線だけ死守しているんですよね。

酒井　あそこは、なんで名鉄がJRの線路を通るようになったんですか？

原　まあ、名鉄の前身である愛知電気鉄道がかなり強引に入ってきたことは間違いない。もともと、飯田線は豊川鉄道という私鉄で、そこに名鉄が割って入った形です。

関川　あの3番線は、抵当物件に居座る人みたいな感じだね（笑）。今日、新幹線で豊橋まできた。当然、一度表に出て名鉄の駅に行くのかと思った。それが違ったんだねえ。JRホームのど真ん中にあるんだ。

酒井　関川さんだけ改札出ちゃって慌てましたもんね。

関川　またJRの改札を通って、名鉄のホームに行くなんて、ちょっとシュールだった。信長的強引さが名鉄にはある。名古屋圏には銀行が四百以上あるらしいけど、私鉄の会社がひとつだけというのはどう考えても変だ。

原　あぐらをかいてたんだと思います。豊橋〜名古屋間でいえば、国鉄と名鉄があった時代は、国鉄のほうは本数も少なく不便で、名鉄が圧倒的に優位だったんです。国鉄で名古屋に行く人は少なく、名鉄は特急をじゃんじゃん走らせていた。ところが国鉄が一九八七年に民営化されると、JR東海は本腰を入れてダイヤ改正に臨み、本数を増やし、スピードも上げていった。そうなると名鉄は太刀打ちできなくなった。名鉄は日本で最初に冷房車をつくったり、パノラマカーも小田急のロマンスカーより早くに導入していたりと、技術にかけては実績があったんです。トヨタもあるし、技術立国・名古屋といった自負があったはずなんです。それが、あっという間に逆転されてしまいました。

酒井　で、そこから何かが止まっちゃったんですね。

異文化都市にもマニアは住む

原　途中でも言いましたけど、名古屋というのは、異文化すぎてあまりマニアが目をつけない土地なんですよ。

酒井　すごく昔、名鉄に乗ったときは、よくも悪くもなんだか違う街にきたという感じがしました。それが今日、豊橋から赤い名鉄の車両にシルバーのパノラマカーが連結されているのを見て……あまりのセンスのなさにちょっとショックでした。

原　もともと名鉄には、特急を特別扱いする習慣はなかったはずなんですけどね。赤一色に塗られたパノラマカーを、特急ばかりか普通電車としても走らせるところにこそ、名鉄の名鉄たる所以《ゆえん》があったはずなのに。

酒井　ワンピースにつっかけサンダルをはいているような、どうでもよくなっちゃってる感じがしました。ここから、名鉄の盛り返しはあるんでしょうか？

原　ちょっと厳しそうですね。名鉄はセントレア、つまり中部国際空港に懸けていて、ミュースカイという特急もつくってじゃんじゃん走らせているんですが、空港自体が斜陽化しているので、どうもダメそうです。

関川　セントレア市と命名しなくてよかったね（笑）。

酒井　あ、なつかしい。

関川　名古屋って、東京とあまり変わらないイメージがあったけど、今回周辺を電車で回ってみると、だいぶ違うんだとわかった。都心近くに、四両編成しか停車できない駅がたくさんある。ホームが短すぎて。八〇年代は、名古屋オリンピックに向けて意気込みがすごかったんだけどねえ。

原　ソウルに負けたのが痛かったですね（一九八一年）。

関川　エネルギッシュなのに政治力がない。目標を失うと、とたんにどうでもよくなる。駅のさびれ具合が象徴している気がする。

原　私は両親が名古屋で結婚したので、名古屋には割と縁があるけれど、一般に名古屋文化というのは、東京と大阪の間にはさまれて、意外に見落とされているのかもしれません。

関川 それでもマニアはいるんだよ。広見線にもいただろ？（笑）

酒井 城北線の運転手さんとかも……。

原 あれは、一両しかない車両が行ったり来たりしているだけだから、要は自分がすべてのダイヤを動かしている感覚でしょう。事実上、一人。一人会社ですよ。

酒井 城北線は俺の趣味だ！ みたいな。名字が徳川さんだったりするんですかね（笑）。

原 料金受け取る人も数少ない乗客も、お互いに挨拶してました。みんな顔見知りってことなんじゃないですか？

関川 能登線（のと鉄道）のようだ。ローカル線の末期は似ちゃうのかな。

原 そんな線が名古屋の次の駅から出るのですからね。ほかの百万都市ではありえない。それが発見できただけでも、今回の旅は非常に意味がありました。

関川 最後に寄った熱田神宮も立派でよかったよ。歴女ならぬ神社好きの女の子がいたしね。

酒井 最近、すごい増えてるらしいですよ。飯田橋の東京大神宮とかの縁結び系から入るんだと思うんですけど。

関川　ちゃんと鳥居をくぐるときにお辞儀をして、出て行くときもお辞儀をしていたよ。汽車好きでも、長大編成の前から後ろまで確認してからでないと乗らない内田百閒みたいな原理主義者がいるけど、シベリア鉄道じゃえらい苦労だろう（笑）。

酒井　何両になりますか？

原　時々付け足すから、最大で二十何両になります。

関川　宮脇（俊三）さんもそうしないと気が済まないタイプだった。ハバロフスクを出る前、先頭から最後まで見に行った。そのときは十六両ぐらいだったんだけど、途中でもう一回確かめに行ったら、案の定増えていた。全長六百メートルくらい？　最後は小走りで、息を切らしてやっと出発に間に合った。

酒井　そのへんが律儀ですね。

関川　マニアって、あえて自分に徒労的義務を課すんだね。実は、我々三人にもあるんじゃないか。それを見破られないようにつとめているけど。

酒井　一人のときは違ったりして。

関川　マニアはどこにでもいる。しれっとした顔をして、ここにもいる。

（二〇〇九年十月五日　名古屋にて）

第六章　冬の日本海　雪と演歌と絶景の旅

五能線

五能線に乗るために、秋田に前泊。なまはげも歓迎

「リゾートしらかみ」車内にて

関川　五能線って寂しい線なんだろうね。

酒井　去年、他誌の企画で原さんと乗る予定だったんですが、大荒れの天気で、強風のせいで列車が止まってしまって乗れなかったんです。五能線は原さんの提案でしたよね。

関川　じゃあ、五能線に乗ったことがあるのは原さんだけ？

酒井　私も十年くらい前に一度あって、二、三年前にも。実は三回目なんです。五能線が有名ローカル線になったのはいつぐらいからなんでしょう？

原　この「リゾートしらかみ」の運転が始まってからですね（一九九七年開始）。最初に乗ったのは一九七七（昭和五十二）年なんですが、そのころから一部の人間には知られていました。

酒井　いまはすっかり観光路線化してますね。バスケットボールが盛んな町、能代駅ではフリースロー体験ができたり。

関川　米代川流域は材木の産地で、能代は木の街だと小学校で習ったんだけどねえ。バスケはどうだろう。駅員さんにボール拾いさせるのは、ちょっと抵抗があるけど。

酒井　でも、駅員さんたちもちょっと嬉しそうでしたよ、触れ合いが。待ってました感がありました。

関川　だったら、いいか。

原　あそこで五分停車するんだったら、米代川の鉄橋の上で停まってほしかったですね。台風の被害がもとで廃止された高千穂鉄道では、日本一高い鉄橋の上で、列車がわざと停まったものです（現在は高千穂あまてらす鉄道がスーパーカートを走らせている）。

関川　そういえば、秋田まで新幹線で来る途中、大曲からしばらくの間、三線軌条になってたよ。

原　秋田新幹線は、盛岡から大曲まで無理矢理田沢湖線に乗り入れ、線路も新幹線と同じ幅に変えてしまいました。

関川　在来線の路盤だと、もともとあまりスピードが出せないんだね。

酒井　けっこう揺れてましたね。

原　大曲まで行って、そこで向きが逆になりました。

関川　そうだ。東能代でも方向転換した。
原　奥羽本線から五能線に乗り入れるからですよね。川部駅で再び奥羽本線に乗り入れるときにも向きが逆になります。
関川　だいたい奥羽本線が能代を迂回してしまったのが不思議だ。さっき東能代の分岐を眺めていたら、奥羽線のほうが能代に向かう五能線より急カーブなんだ。もっと能代に近づけて駅をつくったほうが自然だろうに。
原　前は東能代という駅名じゃなかったんですよ。機を織ると書いて機織《はたおり》という駅でした。
関川　東能代〜能代間はシャトル運行なの？　四キロぐらい？　不合理だと思うけど。
原　そういえば、最初に五能線に乗ったとき、能代の駅そばがうまかったんですよ。
関川　やっぱり駅そば。
原　あれはうまかった。あと、そばでいえば、青森に行くと隠れた名物で「津軽そば」というのがあるんです。稲庭うどんみたいな、白いそばです。弘前の駅で食べたことがあります。
酒井　津軽そばって、大豆をつなぎに使ってるから、コシがあるらしいですね。食べてみたい〜。

原　駅そばも土地によってこんなに違うんだな、というのを実感したのがこのときです。中学三年生でした。

関川　五能線はなんの目的で？

原　中学の地理研究会の課外活動としてです。

酒井　地理研！　原さんの部活に歴史あり！

原　で、二回目に乗ったのが一九九一年で、「東日流《つがる》外三郡誌《そとさんぐん》」について調査に来たときです。

関川　有名な偽書？

原　そうです。「東日流外三郡誌」は古代の津軽地方に独自の文明が栄えていたということが書かれた古文書で、五所川原の和田喜八郎という人が自宅の天井裏で発見したという代物なんです。

関川　読んだことはないけど、七〇年代には話題になったなァ。

原　和田喜八郎に会いに行ったら、人里離れた山奥に倉庫のようなものがあって、おびただしい量の古そうな文書が山積みされているんです。それがどう見ても偽物なの。でも本人いわく、これは古くから代々伝わってきたもので、津軽の知られざる栄光の歴史が書かれてあるとのことでした。

関川　場所は外ヶ浜のほう？

原　五所川原から車で行きました。津軽半島の中央部の山の中です。

酒井　なんか、いかにも原さんらしい五能線体験ですね。

五能線は「演歌」である

関川　五能線というのは、乗りたいかどうかは別にして、地図上では誰でも知ってる路線だよね。どう見ても寂しそうなところを走っている。八森から南と深浦から北だけでいいんじゃないかと思うけど、やっぱり盲腸線にはしたくないんだろうな。それでいて全線に乗るのに、普通四時間強かかる。何かのついでに乗ってみるというのは、とてもやりにくい。

原　ぼくも最初に乗ったときは弘前郊外のいわき荘（現・アソベの森いわき荘）という国民宿舎に二泊しました。弘前から東能代まで奥羽本線で行って、五能線に乗ってぐるっと回ってまた弘前に戻るんです。一日がかりですからね、普通は行けませんよ。

酒井　まさに〝乗りに行く〟線ですね。

秋田〜弘前・青森間を奥羽本線と五能線経由で走るリゾートしらかみ。外は凍てつく氷点下

関川　〝乗りに行く〟とは言いたくないね、どこであれ。所詮は子供じみた趣味なんだから、ウソでも何かのついでという態度を崩したくない。

酒井　う、私は十年前、わざわざ五能線に乗るためだけに旅をしてしまいました。鉄道に乗りたい盛りのころだったんです。

原　太宰治の『津軽』で、太宰は五所川原から五能線に乗るんです。今日とは逆方向になります。鰺ヶ《あじが》沢《さわ》の辺りで津軽平野が「おしまひになつて」あとは日本海の断崖絶壁に沿って行くと、そういうくだりがあるんです。いま関川さんがおっしゃったように、やっぱり深浦までなんですよ。そこから先はもう行かないで、五所川原に戻ってくる。

酒井　では、みんな五能線に何を求めて乗りに来るんでしょうか？

関川　距離の長い難乗線だからだろう。乗ると、「鉄ちゃん」業界では、ちょっと誇れる。

酒井　たしかに私も、初めて乗った後は自慢気に言いふらしてましたね。「私、一人で五能線に乗ってきたんだ……」って。

関川　全線通しの普通列車は、朝の東能代発の一本だけ。あとは観光客用の「リゾートしらかみ」が一往復。有名な割には、とにかく乗りにくい。

原　五能線は難物なんですよ。本当は今回、まだ乗ったことのない弘南《こうなん》鉄道にも乗ってみたかったんです。奥羽本線で弘前から大鰐《おおわに》温泉まで乗り、そこから歩いて大鰐に行き、弘南鉄道大鰐線に乗り換え、中央弘前まで。中央弘前と弘前の間は離れているので、歩いて弘前に移動する。そんなプランも考えたんですけど、五能線に乗ろうと思うと、そんな余裕がないんです。乗るためにはほかのことを全部犠牲にしなきゃいけない。それほどまでに厄介な存在なんです。

酒井　その割にはリゾート仕様にしたり、観光っぽいアピールをしてますね。

原　生活路線としても、必ずしも便利なダイヤになっていないのに、妙に強気なんですよ。それでも客が乗ると思っている。完全にイメージが先行していると思います よ。冬の日本海、荒波の海岸沿いをギリギリに行く。つまり太平洋側とは全然違う 景色が目の前に見える、と。

関川　演歌の代替物なんだろう。冬、日本海、荒波、「都落ちする私」。自己憐憫《れんびん》は不 滅だから、ここで疑似体験するんだろうね。

酒井　「五能線」というタイトルの演歌がありました。

関川　それはそれは。

酒井　水森かおりが五年くらい前に出したのですが（二〇〇五年）、そこそこヒット したはずですよ。彼女はこのほかにも、「鳥取砂丘」とか「釧路湿原」「竜飛岬《たっぴ》」な ど、渋すぎるご当地ソングを得意としています。

原　「函館本線」という歌もありましたよね。山川豊の。

関川　それもすごいなァ。もともと、演歌と汽車と「都落ち」は相性がいい。それか らフォークソングも。演歌の変奏だったから。

酒井　やっぱり北の列車は演歌になりますね。

関川　戦前は外地が「都落ち」の行き先だった。満洲や樺太がなくなって、北海道と 東北になり、朝鮮海峡と宗谷海峡のかわりが津軽海峡になった。五能線もその残影なんじゃないか。

——左手には日本海が見えてまいりました（車内アナウンス）。

関川　ああ、海だ。暗いねえ。まさに演歌だねえ。

酒井　今日は荒れてますね。雪も勢いよく降ってきましたし。最初に私が乗ったときは、地獄絵図を期待していたらとても穏やかでちょっとがっくりしました。

原　イメージ先行だから、実際見るとたいしたことないというふうになりがちなんです。

関川　日本海のすぐそばを走るのはだいたい幹線なんだね。羽越本線とか信越本線とか、北陸本線、山陰本線。だから「哀しみ本線日本海」なんだろうけど、五能線は例外だね。

原　能登半島や男鹿《おが》半島などの例外もありますが、だいたいそうですね。だから、なおさらイメージが先行してるんですよ。

酒井　だんだんと断崖絶壁になっていきますね。

原　まだまだ。これから先、岩館《いわだて》を過ぎた辺りがいいですよ。

秋田の東能代から青森の川部を結ぶ五能線は、全長147.2km。普通列車で完乗すると４時間以上の長丁場で根性が必要だが、マニアのみならず人気が高い有名ローカル線となっている

絶景に惹かれる人、見逃す人

酒井　この辺に住んでる人は、あまり列車には乗らないんでしょうか？

関川　地方の移動の基本は車だよ。だから地方都市の朝夕の渋滞はひどい。一番エコな列車に乗るのはおばあちゃんと高校生だけ。彼らはほかに移動手段をもたないからね。どう見ても採算はとれそうにないけれど。この、オフシーズンの「リゾートしらかみ」だってガラガラといえるだろう。鉄道はやはり公共事業なんだね。

酒井　白神山地が世界自然遺産になって（一九九三年登録）、その恩恵を受けているんじゃないですよね。
関川　幹線の儲けをまわしているんだと思う。
原　この辺りは海岸線に白神山地が迫っていて、この先の鰺ヶ沢まではわずかな隙間に町がある感じです。ハタハタなどの漁業くらいしか産業がありませんからね。冬期は十二湖に行くバスも運休してしまいます。観光で来るような場所じゃないですよ。
酒井　そういえば、今日はマニアの方々を見ませんね。
関川　マニアは通常の列車に乗るんじゃないの。こんな観光列車、乗ってられるかって。お客は六十過ぎのじいさん、ばあさんばかり。濃い鉄ちゃんは五能線なんか卒業してるんだよ。それと飯田線（JR東海　豊橋〜辰野間）も卒業して、名松線《めいしょう》（JR東海　松阪〜伊勢奥津《おきつ》間）なんかに凝ってる。
原　名松線って、二〇〇九年に台風で被災したからいま乗っても途中までしか行けないんじゃないですかね（一六年に全線復旧）。
酒井　ほかのボックス席には、独りぼっちのおじさんや、謎の中年カップルなんかが乗ってました。
関川　あのスーツ姿のおじさんも六十過ぎていると思うけど、独りで旅情に浸っている感じ。

原　あのカップルはマニアでもなんでもないですよ。景色も見ないで、座席をフラットシートにして寝てますし。

酒井　あれも実は新しいマニアの形態だったりして……。俺たち、こんな五能線なんてもう飽きたぜっていう。

関川　なるほど。だけど車内に濃厚なにおいをふりまきながら揚げ物食べたり、全然旅情派じゃないね。なんだろう。不倫関係かなァ。

酒井　白神山地のハイキング目的とおぼしき若いおばあさんたちは、ずーっとおしゃべりに夢中ですね。

関川　あの人たちは、安くゆっくりグループで移動することに興味があるだけだから。鉄道雑誌や鉄道本は買わない。

原　そうですね、ほとんど景色を見てないんですね。

関川　で、弁当を食べながら時々箸で窓の外を指す。だけど、みんな見るタイミングが遅れる。

酒井　ああ、絶景ポイント過ぎちゃった……みたいな感じですね。でも、これからの日本の観光を支えていくのは彼女たちなわけで。彼女たちが、観光列車とはいえ五能線に乗っているということ自体、隔世の感があるのでは。

――これから絶景ポイントを通ります（車内アナウンス）。

関川　おー、これはすごい。奇岩だねえ。

酒井　じっくり見られるように、ゆっくり走ってくれるんですね。

関川　じゃあ、ここが一番いい場所なんだ。

原　いや、絶景ポイントがズレてるんですよ、この列車。岩館と深浦の先で速度を落とすんですが、じゃあ、そこだけが絶景ポイントなのか、という問題があるんです。

酒井　でも、日本海に雪が舞っていい感じです。海鳥たちも、みゃあみゃあ鳴きながら飛んでいます。

関川　いっそこのまま死のうか。なんて気になっちゃうよ。

原　なるほど、これだけ徐行すれば、列車から飛び降りて自殺できるかもしれません。普通列車だと徐行なんてしませんからね。

関川　あの独りぼっちのおじさんも、多少世をはかなんでいると思うよ、いま。不倫カップルも案外、目的は心中かも（笑）。

酒井　疑似心中体験……。冬の日本海って、そういうのに応えてくれる感じはありますよね。うわー、すごい高波。

関川　おーっ、けっこう飽きないねえ。あの岩なんか、蟹江敬三が犯人に自白させるのにピッタリだ。

原　蟹江敬三といえば、NHKの少年ドラマシリーズでやっていた「幕末未来人」（一九七七年）を思い出します。こんな話をしているとウェスパ椿山から乗ってきたお客さんたちと同じになってしまいますね。ちゃんと車窓を見なきゃいけない。

（しばし車窓に釘付けになる三人……）

酒井　原さんは列車に乗っているときに旅情みたいなものは感じるんですか？　こんなところまで来ちゃったなあ、みたいに。

原　今回のように、秋田新幹線であっという間に来ちゃうと、遠くまで来たって感覚はないですよねえ。

関川　そのうち、心の中で年金の計算とかをするようになるよ。

原　列車の中でですか？

関川　なんか楽しいんだよ。獲《と》らぬ痩せ狸の皮算用。

原　さっきの絶景ポイントの話でいうと、朝日カルチャーセンターで全国の鉄道車窓絶景を五十カ所選ぶ講義をやったときは、まったく妥協せず選びました。例えば、青函トンネルの中の、ひたすら暗闇を流れていく線路だったり。関川さんも書いてましたよね。

関川　トンネル前方の風景って、たぶん子供のころから好きなんだ。で、死ぬまで変わらない。理由は説明できない。いま見ている荒海はどうだろうね。青年の手前勝手な抒情の名残りかね。

酒井　若いからこそグッとくる景色もありますよね。その日の心理状態によっても、感じる景色とそうでないものがありますし。

原　だから絶景を選ぶのに誤魔化しが入ってはダメですよ。この一帯全部いい、というのではダメなんです。

関川　山陰本線の出雲市から先、西に向かっていくと、田儀《たぎ》ってとこだっけ？　山が途切れた瞬間、深い海が見えるポイントがある。

原　そう、そういうことです！　人を激しく惹きつける瞬間的な風景がそれぞれにあるはずなんです。

関川　でも、あの若いおばあさんたちは、その瞬間を間違いなく見逃す（笑）。緊張しつつ待っていないとね。

酒井　でも、そういう大らかな心だからこそ女は長生きするわけですね。

原　柳田國男にも、鉄道に乗るときに注意しているポイントというのがあるんです。

東北本線（現・青い森鉄道）に乗ったら青森県の小湊というところに日本最北の椿山が見えるから、そこを見ずにはいられないというのです。

関川　思想が違うんだね。ただ乗ってりゃいいという考えとは。うーん。だんだん原理主義者になってきた。

線路は続くよ、どこまでも!?

一行は昼食のため、鰺ヶ沢駅で「リゾートしらかみ」を途中下車。新鮮な魚介を求めて勇んで改札を出た。が、駅周辺に開いている店がない……。氷点下の街を凍えながらさまよい、ようやく一軒の和食屋に辿り着く。名物の海鮮丼、酒井氏は寒さのあまり鍋焼きうどん、そして熱燗を頼み、ようやく人心地。すると、今度は次の列車まで時間がない。急いで丼をかき込み、酒井氏が熱望した鰺ヶ沢在住の話題の〝ぶさかわ秋田犬〟わさお（二〇二〇年没）にも会えぬまま、一行はギリギリで五能線普通列車に乗り込んだ。

酒井　今回でこの三人の旅も一区切りなんですよね。これまでの旅を振り返ってみると、第一回はわたらせ渓谷鐵道でしたね。

関川　担当のS君は異動してきたばかりで、おずおず、おたおた、だったなァ。

酒井　あれからすると、だいぶSさんも堂々と……。

関川　成長というべきか、悪ずれしたというべきか。

原　五月も末なのに足尾銅山のトロッコ乗り場でストーブを焚いていて、えらい寒かったっていう記憶があります。

酒井　わたらせ渓谷鐵道の絶景ポイントで原さん以外の全員が寝はじめて、不満そうでしたよね。

原　酒井さんが寝るのは織り込み済みでしたけれど、全員寝るとは思いませんでした。

関川　原さんは怒ってたんだと思うよ。それは感じた（笑）。そういわれれば、いろいろあったねえ。東武スペーシアの個室が、意外な走行音の大きさで、レコーダーで音を拾えなかったり。乗りたいと思っていたトロッコ列車が満席だったり。足尾銅山がチョーしょぼかったり。でも、大間々駅から赤城駅まで、町の中を歩いて乗り換えたのはよかった。あれは、ぼくの趣味だ。

酒井　あのとき、原さんはものすごい速度で歩いてみんなを先導していました。そういえば、今日も鯵ケ沢駅周辺でお店を探していたとき、凍りついた道だというのにあっという間にはるか彼方に。

原　道に自信がないと、心配になってつい早歩きになる癖があります。今日も駅前の店が軒並み閉まっていたんで、次の列車が出るまでに昼食が食べられるだろうかとあせってしまいました。

関川　そういうのは、原先生じゃなく、本来はS君が感じるべきことなんだけどなァ（笑）。第二回は鍾乳洞。福島の磐越東線。

酒井　鍾乳洞探検中に関川さんが途中でいなくなっちゃったやつですね。

関川　途中で、もういいやと。老骨にこたえたんだ。

酒井　すごく狭くて、けっこう怖かったですよね。真夏なのに中は寒かったし。

原　あのときはあぶくま洞、入水鍾乳洞と二ヵ所行きましたが、入水鍾乳洞のほうはもっと奥まで行きたかったですね。

酒井　そういえば、原さんだけ極寒の地下水に足を踏み入れてましたね。みんな、「原さん、そんなに洞窟が好きだったんだ」って初めて知って……。

原　あとは、なんといっても日立駅の駅そばですよ。海華軒。

関川　停車中の車窓から見つめていたら、勢いよくそばを啜るおばちゃんにすごい目でにらまれた。でも、あれから発想して「駅そば」企画になったんだよね。

酒井　三回目は秩父夜祭をやっていたときですね。八高線と秩父鉄道のSLでした。
関川　八高線の分岐がなかなか。倉賀野駅を出ると高崎線上りを走り、一部下り線を逆走してから分かれていく。
酒井　関川さんが文学性を見出されたところですね。
原　あの回のことはよく覚えています。
酒井　そうだ、SLの中で電話がかかってきたんですよね。
原　司馬遼太郎賞の。せっかくSLに乗って楽しんでいるのに、携帯がしつこく鳴って、番号を見ると知らないところだったので、「なんだ、こいつは」みたいに思っていたら受賞の電話だったんです。
関川　電話中に汽笛がピョーって鳴って、鉄道旅していることがバレた。
酒井　そうでしたね。おめでとうございました。あと、原さんはマニアがたくさん見られて嬉しそうでしたよね。
原　沿線の撮影ポイントにカメラをもったマニアがひしめいていて、すごかったじゃないですか。
関川　ぼくは車内の、害のないマニア見物が好きだね。SL好きのおじさんや、車掌室に入れてもらって喜んでいる子供。心配そうに見守る母親。

酒井　「指さし君」もいました。私たちは鉄道と同時に鉄道マニアの姿も鑑賞していたわけです。

原　そして第四回が駅そばですね。北陸本線駅そば紀行、あれは個人的に一番やってみたかった企画です。

酒井　一日で駅そばを五杯も食べて、あれが一番つらかったです。

関川　ぼくは六杯。つらかった。でも、武者修行のように食べるのは面白かった。なにしろ「駅そば道」の星一徹の引率だから、得がたい。

酒井　金沢がしょっぱくて美味しくなくて、気分がどん底まで落ちたのをよく覚えています。でも、その次の富山が美味しくて……。

関川　みんな、少なからず高揚したね。

原　実はこの前、金沢に行ったんです。あのときは気付かなかったんですが、米原方面の上りホームに駅そばがあったんですよ。我々が行った高架下の狭くて暗い店なんかじゃなくて。結局食べる時間がなかったんで確かめてないんですが、かつてあったのと同じ白山そばの佇まいでした。ちゃんと確認して、あそこで食べなきゃいけなかったと後悔しました。それに駅そばなんてしょっちゅう評価が変わりますからね。ラーメンマニアのように何度も行かなきゃいけない。

関川　えー？　もういいよォ。さんまは目黒、駅そば修行は一回に限る。あのときは最後の直江津が一番まずかったけど、東北も同じJR東日本管内だから、あんな感じなの？

原　東北本線はかなりNRE（JR東日本傘下の日本レストランエンタプライズ）に侵食されています。これから通る青森駅のホームにも、「そば処八甲田」（二〇二一年に閉店）という、一見地元風の駅そばがありますが、実はNREがやっている。

関川　で、この前が名鉄か。西枇杷島の三角線（分岐点）がよかったね。原さんは、なんでマニアはああいうのに気付かないんだって怒っていたよね。ぼやき漫才の人生幸朗みたいだった（笑）。

原　いや、怒っていませんよ。分岐についてこれほど熱く語れる人は、関川さんをおいてほかにいないでしょう。

酒井　変な電車にも乗りましたよね、城北線。終着駅の勝川からJRの勝川まで微妙な距離を歩かされました。名鉄広見線には時刻表マニアもいましたね。

関川　いたいた。反対電車とすれ違う時間を正確に把握していて、そのたびに先頭に移動してくる。あのタイプのマニアは、本数の少ない五能線には興味がわかないだろうね。

八戸の市場「八食センター」で地の魚を七輪で焼いて食す。自ずと話題は、これまでの鉄道旅を振り返ることに

原　あれは「ダイヤ派」だから、いわゆる「乗り鉄」とは人種が違うんでしょうね。

関川　最後は、名駅舎といわれている名鉄布袋駅に、一同がっくり。

原　布袋駅は変にマニアの情報に妥協してしまいましたからね。

関川　マニアに妥協した？

原　今回の五能線も、個人的には北金ヶ沢の駅に入る直前、海岸沿いの家々の軒先にまだしめ飾りがちゃんと付いていたのが一番の絶景ポイントでした。一月二十一日だから、松の内はもちろん、小正月も過ぎている。かといって、旧正月にはまだ早い。面白いなァと思った。あそこで降りてみたかったな。

関川　でも五能線は乗ってみたら意外といい線だったよ。ぼくは気に入った。

酒井　原さんは駅そばとか、いろいろと思い残すところがありそうですね？

原　いろいろあります。ほら、弘前の駅の手前でイトーヨーカドーが見えたでしょう。あれ、三十三年前にもあったんですよ。大概の地方都市の駅前にはイトーヨーカドーかダイエーか長崎屋があった。例えば帯広の駅前にもイトーヨーカドーがあったけど、あれはいまどうなっているのかな。

酒井　私は、旅をしながらの鼎談というのが慣れなかったというか、普段、いかに何も考えないで鉄道に乗っていたかを思い知りました。原さんみたいに乗りながら考えるのではなく、旅から帰って、なんとなく思い起こしながら書くというのがスタイルだったんですね。

関川　鉄道という存在は不滅だろうけど、ブームはどうなんだろう。この鼎談企画はブームの頂点で始めて、ブームの終わりかけに終わる。歴史的だなァ。

原　ブームなんてどうでもいい。ぼくはこれで最後かよ、みたいなところはあります。みんな「もう一回やろうよ」ってなるんじゃないですか。

（二〇一〇年一月二十一日）

ひとり旅
汽車旅　戦国旅の飯田線

関川夏央

飯田線本長篠駅ホームにて普通列車を待つ。待合室では地元の高校生たちの賑やかな会話に耳を傾けていた関川氏

私たちは朝早くに元善光寺へ行った。最寄り駅は、前日宿泊した飯田線飯田駅から三駅分北、つまり引き返す感じになるが、それでも行ってみたのは、前夜食事をした飯田駅前のおでん屋「〆清」のお客たちにすすめられたからだった。

長野市のほか、天竜川沿いの飯田にも善光寺があるとは知らなかった。長野善光寺の本尊、一光三尊を信濃国麻績《おみ》の里の住人・本多善光が難波の堀から最初に迎えたのが、ここだった。推古天皇十年（六〇二）のことで、その後、皇極天皇元年（六四二）に長野へ移したのだという。長野の寺は本多善光の名をとって善光寺と命名されたが、こちらのほうが古いから元善光寺。仏さまが移られるとき、「毎月の半分は、この麻績の古里に帰り来て衆生《しゅじょう》を化益《けやく》せん」といわれたので、「善光寺だけでは片詣《かたまい》り」なのだ。

そんなレクチャーをしてくれた明るい酔客たちが口々に、元善光寺のすぐそばにある舞台桜はすごいよォ、ただ一本の枝垂れ桜の古木で、姿もいいんだけど、なんといっても五弁と十弁の花がひとつの木に咲く、一見の価値があるよォ、といったのである。

私たちは四人であった。旅程設計係のS君、写真のM君、単行本編集者のOさんと私である。たくさんで旅するほうがたのしい。適材適所ということもある。

S君は、生まじめだが、柔軟性の点で憾《うら》みなしとしない。前日の夕方飯田駅に降り立ち、さあご飯だ、と飯田市のこぎれいなメインストリート、河岸段丘の緩い下り坂を歩いた。だが目当てのお店が休みだった。「ルイ13世」とか「夜間飛行」とか、昭和四十年代的懐かしさを誘う名前のお店がまだ開かぬ頃合いの街路で、ちょっと途方に暮れた。ルイ13世は、たしか『三銃士』に出てくる王様だったな、遊んでばかりで政治はリシュリュー任せの。などと私はぼんやり思っていた。するとOさんが携帯で、すぐにかわりの店をさがしたのが、おでん屋の「〆清」だった。食欲関係ならOさんだ。私は雑誌時代の彼女と何度かした汽車旅で、よォく知っている。

入ってみれば、いたって庶民的な小さな店だった。幅の狭いコの字形のカウンターに常連客たちが陣取っている。中年から初老まで、男だけのお客同士はとても仲がいい。

Oさんが、からい葱ソースをたっぷりかけた豆腐を注文したので、私たちもそうした。「おたぐり」を彼女が注文した。なに、それ？　といぶかしみながら、みんなで相伴した。おたぐりとはウマの腸である。二十メートルもある長い腸をたぐりながら洗ったからだそうだ。彼女は天竜川のザザムシまで食べた。これは、私だけが少しいただいた。食べたかったわけではない。

お城趣味と鉄道趣味

S君は帰国子女なのに（帰国子女だから？）お城好き・戦国好きである。私は汽車好き・汽車旅好きだが、その理由はわからないし、そのおもしろさを人にうまく説明できない。コドモ時代のなんらかの傷のせいだろう、としかいえない。宮脇俊三は所詮「児戯」だといった。私も賛成する。

お城好き・戦国好きも同じだ。わかるようでわからない。でも汽車趣味よりは高級そうだ。少なくともオトナっぽい。だったら、汽車旅とお城見物・戦場見物を組み合わせたらどうか。長じても、また老いても人を縛りつづける「児戯」の秘密の一端がわかるのではないか、そう考えた。

私たちはまず中央本線の特急あずさで松本へ行った。松本城を見学後、バスで駅に戻って飯田線の始発駅・岡谷まで行くつもりだった。そのバスがもう松本駅に着くというとき、突然S君が、あと五分で電車が出てしまいますね、といった。

ええーっ、それはないよ。

駅前のバス停に着いたときには発車まであと二分。走りに走った。息が切れた。体格のいいOさんも、重たい機材を持ったM君も駅の階段を二段跳びで登る。私はバス料金をまとめて払ったS君にも追い抜かれた。閉じかけたドアを力技でおさえて、気息えんえんの私を乗せてくれたのはOさんだった。若さには、かくも力量がある。

岡谷から飯田線の電車で伊那市まで行き、高遠城址へ行った。高遠城の桜はあまりにも有名だが、まだ一分咲き。いまふうの顔立ちの韓国人カップルが静かに散策し、中国人団体が騒々しく観光していた。しかし、私の期待にそむいて、S君はお城についてあまりレクチャーしてはくれなかった。ただ「この空堀はなかなかのものですよ」などと、ときどき達人風につぶやくばかりだった。どこがどんなふうにいいんだか。鉄道オタクは「トリビア」にこだわりすぎるが、お城・戦国オタクはおおざっぱすぎる。

内田百閒が『阿房列車』第一作で、「用もないのに」東京・大阪間を特急「はと」で往復したのは昭和二十五年（一九五〇）、六十一歳のときであった。同行者は平山三郎、ヒラヤマはヒマラヤに通じるというので、百閒が文中「ヒマラヤ山系」と呼ぶ人である。法政大学での教え子、かつ国鉄広報課員で、百閒の『阿房列車』十五回の旅すべてに同行し、切符の入手、宿の手配、いっさいの面倒を見た。百閒は、べつに正式に頼まれたわけではないけれど、戦後国鉄の広報に大きな役割を果たすことになったのだから、当然の面倒見だろう。

平山三郎のもうひとつの仕事は、食堂車で百閒の相手をすることだった。なにしろ百閒は汽車好きでもあるけれど、食堂車で飲むのが好き、飲みながら説教することは、もっと好きだった。

そんな百閒は、つとめて笑わないようにしている。「僕は体裁屋」だから「車中ではむっとして澄ましていたい」と書いている。

なのに見送られたりすると、「元来お愛想のいい性分だから」つい笑ってしまい、口も軽くなって「すっかり沽券《こけん》を落とす」。それが厭《いや》だ。

だから、いつも百閒は威張っている。東京駅で待ち合わせた平山三郎に背後から近づいて、「ステッキの握りで頭を敲《たた》いた」りする。威張るのは老人の義務、横着は文士の特権と信じていた百閒は、若くして老人になれて沽券という言葉が生きていた、まことによい時代の人格化であった。

特急の伊那路に乗車するために、元善光寺から普通列車で三駅先の飯田へ向かう

元善光寺の舞台桜はよかった。曇り空の下、しっとりとはなやかに咲いていた。それでいて、どこか落ち着いた寂しさの印象をとどめる。S君は予定していた戦国時代の砦跡探訪ができなくなって不満そうではあったが、いいではないか。その日その日の出来心のほうが旅はおもしろい。

元善光寺駅で東京までの通しの乗車券と、飯田から本長篠までの特急券を買った。飯田・豊橋間を一日二往復する「伊那路」である。四人分だから、ひょっとするとこの駅の一週間分くらいの売り上げになるかもしれない。あんたたち芸能関係の人？　などと尋ねる定年延長の駅員さんの機嫌は、とてもよかった。

そのおじさん駅員が、せっかくだからと飯田線のパンフレット「秘境駅探訪マップ」を全員にくれた。パンフレットの写真もイラストも全部、JR東海の社員の仕事だそうだ。実はあたしも「秘境駅」のイラストを少しばかりね、とおじさんはいった。

「秘境駅」とは、なんでこんなところに、という辺鄙《へんぴ》な場所にひっそりとある駅のことで、乗降客は限りなくゼロに近い。集落からも遠い。車でも歩きでも到達しにくい。そんな駅を、「秘境駅訪問家」の牛山隆信さんが「秘境駅」と命名し、「秘境度」を数値化した全国ランキングもつくった。趣味は、多様化と細分化の道をたどるのである。

ランキング上位の駅が飯田線にはたくさんある。とくに天竜峡駅から南側、長野県・静岡県・愛知県、三県が接した山中に多くて、千代駅にはじまり、金野《きんの》、田本、為栗《してぐり》、中井侍《なかいさむらい》、小和田《こわだ》とつづく。飯田線各駅に貼ってあるポスターに「秘境駅の銀座」とある。もっとも、このコピーは語義矛盾だと思う。

飯田線は長い。全線で一九五・七キロもある。中央本線の岡谷・塩尻短絡線ができて、本来の起点、辰野駅の意味が薄れ、現在は岡谷を事実上の起点として運用しているから、その分を加えれば二〇〇キロをゆうに超える。

こんなに長いのは、飯田線が私鉄と国鉄のつぎはぎだからだ。

辰野・伊那町間は伊那電車軌道として明治末年に開通した。ローカル線なのに全線電化なのは、出発が電鉄だったからだ。その後改称して伊那電気鉄道となって大正年間に飯田まで延び、昭和二年（一九二七）、天竜峡に達した。そこまでの八〇キロほどが伊那文化圏で、いまも飯田線北部の運行はここまで、全線通して走る列車は上下合わせて一日四本だけだ。

その先、天竜峡から佐久間までの深い山中は、三信鉄道で、昭和十一年につながった。しかし昭和三十年、佐久間ダムのダム湖に既設線の一部が水没することになり、東に迂回する新線を十七キロ分敷いた。ここらの「秘境駅」の駅名表示には「静岡県浜松市」とあって、びっくりする。

佐久間で天竜川本流と分かれ、山を越えて三河地方に入る。天竜峡・三河川合間の約七〇キロ分は旧三信鉄道、その南の大海《おおみ》までは鳳来寺鉄道、大海・豊橋間は豊川鉄道だった。これらがみな昭和十八年、戦時社会主義体制下に国有化されて飯田線となった。車窓風景が変化に富むのは自然なことだ。

だが秘境駅探訪は手間がかかる。もらったパンフレットに旅程モデルが出ていた。

豊橋を朝八時一二分に出る。すると「秘境駅ランキング」四位、コンクリートの絶壁に細く貼りついたようなホームの田本駅には一一時五一分に着く。あたりに家は一軒もない。ここで一時間二〇分ほど待って、一三時〇九分の上り列車で引き返す。ランキング二位の小和田駅一三時四〇分着。山小屋のような駅舎は静岡県にあるが、対岸は愛知県、川をわずかにさかのぼれば長野県である。ここで二時間あまり、一五時五七分発の電車に乗る。豊橋着一八時一三分。ふた駅行くだけで一日仕事だ。

はりつけにされた裸の武士

いまでこそ本長篠駅も、やはり定年延長のおじさん駅員ひとりだけの駅だが、大正十二年（一九二三）、鳳来寺鉄道の駅が開設以来、このあたりの中心地として栄えた。昭和四年には、鳳来寺山方面へ、田口鉄道という電鉄が延びた。田口鉄道は戦後、豊橋鉄道田口線と名称変更して昭和四十三年まで働いた。

いま、待合室のベンチには、そろってズボンをずりさげたスタイルの高校生五人が、ダベりながら列車を待っている。駅前に、ほとんど来ないであろう客を、タクシーが一台付け待ちしている。

バルカン半島の田舎の駅のようなここで小事件が起こった。S君が切符をなくしたといいだしたのだ。

切符は座席の窓枠に置いたのだそうだ。列車は何度も川を渡る。そのたび「絶景」を追いかけて左右の座席を移動していた。本長篠に着いたときは、たまたま切符の窓とは反対側にいて、なんの疑いもなくそのまま降りた。

ドジなヤローだ。ステッキの柄で頭をコツンとやってやろうか。心中では思っても口には出さず、それは災難だったなあ、などとニコニコしているのがオトナの渡世というものであろう。

本長篠駅のおじさんに、豊橋駅へ連絡してもらった。座席はわかっている。だが結果は、特急列車が豊橋に着くまではわからない。

ひと駅分、たった一・三キロだけ普通列車に乗ると長篠城駅だ。駅を降りて城跡まで歩く道も、それに沿う線路もすでに旧城内である。いかにも戦国期らしく小ぶりで鋭角的・実用的な城の地面は、落花で埋まっている。三河は信州よりずっと南国なのだ。花びらを踏んで子どもたちが本丸を駆け下り駆け上り、鬼ごっこをしている。

天正三年（一五七五）五月、武田勝頼は豊川《とよがわ》とその支流宇連川《うれがわ》の合流点を天然の要害となした長篠城を、一万五千の兵力をもって包囲した。

勝頼の父信玄はその三年前の元亀三年十二月、三方ヶ原の合戦で織田・徳川連合軍を破った。だが陣中で発病、上洛を断念して本国甲斐へ帰還する途上、伊那谷の駒場で急逝した。一方、奥三河の奪回をもくろむ家康は、奥平氏を調略して武田にそむかせ長篠城の守将とした。信玄没後武田の家督を継いだ勝頼は激怒して奥平氏の人質を殺し、さらに三河地方の再奪回をめざして兵を進めた。

長篠城の五百人は完全に孤立した。このとき、徳川の援軍を要請するために長篠城をひそかに抜け出したのが鳥居《とりい》強《すね》右《え》衛門《もん》であった。彼は闇にまぎれて豊川を六キロばかり泳ぎ下り、その後は陸上を走って、五月十五日に岡崎に達した。だが、帰城途中で武田方に捕まり、長篠城対岸ではりつけにされた。死の直前、鳥居強右衛門は「援軍来たる」と大音声で川向こうの味方に告げ、城兵を大いに勇気づけた。

五月二十日夜、長篠城の西方三キロの設楽原《したらがはら》に布陣していた徳川軍の別働隊が、豊川南岸の山中を進んで攻囲線南側の砦を落とした。翌五月二十一日早朝、武田軍主力と織田・徳川連合軍は設楽原で激突した。

宮脇俊三が『室町戦国史紀行』の取材で長篠を訪れたのは一九九七年七月、その七十歳のときである。

早朝の新幹線で東京を出て豊橋へ、そこから飯田線を走り始めたばかりの特急「伊那路」に乗った。本長篠で降りてタクシーで長篠城跡に行き、史跡保存館を見学、鳥居強右衛門磔刑の地を遠望した。宮脇俊三は青山師範附属小学校の頃「読本」で「鳥居勝商（＝強右衛門）」の一章を読んだことがあった。朗読を当てられた生徒が、「勝頼、怒りて直ちにこれを殺せり」と投げ出すように終わる一節を読み上げたとき教室中がシーンとなった記憶は、六十年を経てもあざやかだった。

彼は一九八九年、六十二歳のときから『日本通史の旅』という長大な連載に着手している。もともと歴史好きで、一九六〇年代前半には、中央公論社の編集者として、通史『日本の歴史』（全二十六巻）を企画、ベストセラーにした。中央公論社の戦後の全盛期は、宮脇俊三の編集手腕に負うところが大きかったのだが、一九七八年、常務取締役を最後に退職した。まだ五十一歳であった。

退職とほぼ同時に、鉄道紀行第一作『時刻表2万キロ』を刊行した。この本の好調な売れ行きが宮脇俊三の後半生を変転させた。退職したら編集プロダクションを設立するつもりでいたのだが、鉄道紀行専門の書き手となった。

『最長片道切符の旅』『時刻表昭和史』『台湾鉄路千公里』『時刻表ひとり旅』など、汽車趣味に個人と社会の歴史を重ねて描き、鉄道紀行を趣味の辺境から文芸表現の一ジャンルへと押し上げた代表作群を書いたのは一九八〇年代なかばまで、その五十代前半までであった。趣味の間口は、表現としては狭いのである。書くほうも、そこに集中しすぎては疲労するのである。

宮脇俊三六十代以降の鉄道ものには、はっきり倦怠の色が見えるが、それが『日本通史の旅』への転換の動機であった。『古代史紀行』に発したそのシリーズは、『平安鎌倉史紀行』を経て一九九四年晩秋、著者六十七歳のときから『室町戦国史紀行』に入った。

だが九七年、南米旅行からの帰途、悪性の菌による炎症で左脚が歩行困難となるほど腫れあがり、帰国後すぐに入院した。一時は片脚切断もやむなしといわれたが、抗生物質でなんとか回復できた。この間『室町戦国史紀行』は休載した。長篠行きは連載再開後間もない時期のことであった。

いまどきの若者にも

長篠城跡から設楽原古戦場へというコースは宮脇俊三も私たちも同じであった。その古戦場の狭さに驚いたのも同様であった。長篠城跡の西約三キロ、連吾川《れんご》という小さな川をはさんだ幅百五十メートルばかりの平地に武田軍一万、織田・徳川連合軍三万の兵が会したとは。少なくとも、合戦とは黒澤明の映画のようなものではないようだ。

織田方が急遽つくった馬防柵《ばぼうさく》の一部が観光用に再現してある。不規則なかたちの稲架《はさ》みたいだが、ショボい。

この馬防柵の内側に織田軍の鉄砲隊が陣取り、疾駆してくる武田の騎馬隊を狙撃・撃退した。そのとき、三千丁の鉄砲を三組に分けて時差装塡する「三段撃ち」を行った、といわれる。火縄銃の再装塡には時間がかかる。平均すると三十秒ほどだが、三組に分ければ十秒ごとに発射できる。騎馬隊の速度をもってしても付け入る隙はない。

だが近年は「三段撃ち」は虚構とされている。もともと「さみだれ発射」となりがちな火縄銃は、各小隊ごとなら時差発射は可能だが、全部隊となれば長大な前線で命令が行き届くわけがない。鉄砲もせいぜい千丁だっただろうという。

不思議なのは、武田方がこんな狭い戦場なのに正面強攻を試みたことだ。それが勝頼「愚将説」の根拠なのだが、鉄砲は迎撃にもっとも効果的な武器だと知りながら勝頼が持久戦に持ち込まず、強攻せざるを得なかったのは、長篠城を救出した徳川軍の別働隊が武田本隊の後方で退路を断つかたちになってしまったからだ。そう説明されれば、なるほどと思う。

この戦闘で武田方は二千人を失ったといわれる。しかし敗走後がもっとひどかった。

宇連川を渡ろうとして溺死し、また連合軍の掃討を逃れて鳳来寺山中に迷い込み、多数が餓死した。勝頼は、わずかの手勢を引き連れて甲斐に帰った。

しかし戦場は観光には適さない。遺構がなく、つかみどころがないからだ。宮脇俊三と同じ思いを抱いて、同じ三河東郷駅へ行った。飯田線で豊橋に向かうためである。三河東郷は無人駅である。待合室には本棚があって、有志の寄付らしい本が並んでいる。新興宗教の本、お菓子作りの本、西村京太郎の「旅情ミステリー」などはわかる。でも安部公房はわからない。『砂の女』から『箱男』まで、何冊も文庫版がある。

豊橋行を待つあいだ、駅近くの静かな道をOさんといっしょに散歩した。あ、あれ、とOさんが指さしたのは、小道の入り口に立てられた手書きの立て札だった。「鳥居勝商上陸の地」とあった。

かつ……？　なんと読むんでしょう。

私も読めなかった。「かつあき」と読めたのは、帰宅後、宮脇俊三の長篠紀行を再読してだ。長篠城を脱出した鳥居強右衛門は、ここで豊川から上がって岡崎まで走ったのだ。あ、と再びOさんが注意を促したのは、立て札の署名であった。やはり手書きで、「歴史史跡をまる会」とあった。「まもる会」と書くつもりで、一字抜けた。

頃合いを見はからって駅に戻ると、待合室でM君が自分の服のあちこちをひっくりかえしていた。つぎにバッグのなかを捜索する。豊橋駅に連絡したら、S君の切符は見つかった。なのに、今度はM君が切符をなくした。長篠城の史跡保存館のトイレの窓枠に置き去りにしたのではないかという。

なんたる粗忽、なんたる窓枠好き。いまどきの若者にも困ったものじゃのう、ふぉっふぉっふぉっ、と私は笑った。山田風太郎の『警視庁草紙』に出てくる江戸最後の町奉行・駒井相模守の真似だが、誰も感心してくれなかった。

そういえば、駒井相模守が維新後に住んでいたのは、三畳が横に三つ並んだばかりの家という設定だったが、それは内田百閒の市谷の家がモデルであった。山田先生は、威張りん坊の百閒が好きであった。

宮脇俊三も一九九七年七月、三河東郷駅から豊橋へ出た。そこから新幹線で米原へ行き、在来線快速に乗り換えて近江八幡で降り、安土城跡に登った。その日は近江八幡に泊まった。翌朝、京都に寄ったのち在来線特急で姫路を経て上郡《かみごおり》、上郡から智頭《ちず》急行線に乗って上月《こうづき》城跡を見学した。岡山に行って一泊、翌日早朝、吉備《きび》線で、秀吉の水攻めで有名な備中高松城跡へ行った。そこから岡山にとって返し、今度は京阪間・山崎の古戦場を訪ねた。秀吉と同じ道を半日でたどったわけだ。山崎では天王山に登ろうとしたが、暑さに閉口して途中であきらめた。

宮脇俊三は、このときのことを連載三回分に書いた。九八年にも三度、戦国の旅をした。しかしすでに連載は休みがちで、九九年一月にはアルコール依存症の治療を兼ねて入院している。

その年の六月、関ヶ原に出かけ、古戦場を見おろす海抜二九三メートルの松尾山に登ろうとして登れなかった。これを『室町戦国史紀行』最後の原稿として連載を終えた。二〇〇二年夏から入退院を繰り返すようになった宮脇俊三が亡くなったのは〇三年二月、七十六歳であった。

豊橋駅では、まずS君の切符を駅務室で受け取った。M君はあらたに切符を買い直した。それから新幹線に乗った。みんなで行くローカル線の旅はなかなかよかった。

しかし、汽車趣味も、お城・戦国趣味も、やっぱり「児戯」には違いない。ただ、雑学自慢にはならない言語化ができれば救われるのだが、それはラクなことではない。そんなことを漫然と考えるうち、強烈な眠気に襲われた。キヨスクで買った缶ビールが効いてきたのだ。

若い諸君に笑われては沽券にかかわる。私は、胸ポケットに入れたはずの切符をた

地元の人の強い勧めにより、二日目の朝に訪れた元善光寺の「麻績の舞台桜」の下にて。推定樹齢三百五十年を誇り、花弁の枚数が花によって違う変わり種である

しかめ、ああ大丈夫、と安堵した。そしてつぎの瞬間には、沽券を思う余裕もなく口を半開きに、深い眠りに落ちた。

（二〇一〇年四月六～七日）

ひとり旅

青春と味の記憶をめぐる函館本線

原 武史

函館～旭川間を結ぶ函館本線のうち、乗車したのは函館―長万部―小樽―札幌の区間。支線を含めた総営業距離 458.4km は、北海道最長。渡島沼尻駅にて

倶知安と書いて「くっちゃん」と読む。アイヌ語に由来するその駅名を六歳で知ったときの驚きは、いまなお脳裏に刻み込まれている。

実は倶知安には、強烈な思い出がある。高校一年だった一九七八（昭和五十三）年七月、北海道を初めて訪れ、半月かけて国鉄全線に乗った。当時の倶知安は、函館本線と胆振《いぶり》線（一九八六年廃止）の乗換駅で、胆振線から函館本線に乗り換えるため、いったん下車したのだ。

胆振線の最終列車が22時2分に到着し、函館本線の函館ゆき列車が0時16分に発車するまでの二時間あまり、私はすっかり暗くなった無人の駅前商店街を歩き回った。夕食を済ませていなかったため、開いている食堂はないかと捜したのだが、そんな店はどこにもなかった。

あきらめかけていた矢先、一台の自動販売機が目に入った。よく見ると、これが天ぷらそばの自動販売機だった。信じられない思いで小銭を入れ、出てきた天ぷらそばを夢中になって食べた。機械が作っているとは思えないほど、うまかった。この出来事が忘れられず、八二年三月にもう一度倶知安を訪れたときにも、販売機は同じ場所にあった。やはり、夢ではなかったのだ。

しかし、それからはずっと倶知安を訪れていない。いまでは函館から札幌に行くのに、すべての特急が室蘭本線経由になっているので、倶知安は通らない。「山線」と呼ばれる函館本線の長万部《おしやまんべ》―小樽間は普通列車しかないうえに本数も少なく、一日つぶさないと乗り通せないダイヤになっている。

それなら、函館から函館本線に乗って途中で一泊し、余裕をもって倶知安を訪れようではないか。幸いにも、落部《おとしべ》という駅の近くに、銀婚湯という一軒宿がある。大正天皇の銀婚式が行われた一九二五（大正十四）年五月、湯が大量に湧出したことにちなんで命名された宿だ。道南屈指の名湯と言われているらしい。大正天皇の研究者として、この宿も前々から気になっていた。

編集部のSさんに提案する。

「久しぶりに函館本線の普通列車にじっくりと乗りたいんです。途中、銀婚湯という宿に泊まり、倶知安で天ぷらそばの自販機を捜そうと思います」

「天ぷらそばの自販機って何ですか」

「三十二年前に倶知安でたまたま見つけたんですよ。二十八年前にもありました。それがいまもあるかどうか、確かめに行きたいんです」

「え？　そんな前にそんなものがあったんですか。しかし、随分たってますからね。

さすがにないんじゃないですか。あったら奇跡ですよ」

まあそうだろう。期待はしていない。

函館本線最初の絶景ポイント

五月二十六日午前十時、羽田空港にSさん、Sさんと同じ編集部のTさん（名字のイニシャルがSさんと同じになるので名前のイニシャルにしている）、前回の関川さんのときも同行したOさん、カメラマンのMさんと私が集まった。函館ゆきの全日空機に乗ると、わずか一時間二十分で着く。タクシーを飛ばして、五稜郭タワー近くの「あじさい」というラーメン屋に移動する。

北海道のラーメンは、札幌が味噌、旭川が醬油、函館が塩と言われている。ここは定石どおり、五人とも「味彩塩拉麵」を注文する。

まずスープから。見た目がよい。一口すると、複雑な魚介のエキスが広がり、贅沢な味に仕上がっている。麵は固めと言っていたが、そうでもない。Sさんがもの足りなそうな顔をしている。しかし、とんこつ醬油が苦手な年齢になってきた私には、塩ラーメンとしてはむしろ濃厚なぐらいであった。

完食し、エレベーターで五稜郭タワーに昇る。城マニアのSさんが喜ぶかと思いきや、何度も来たとかで取り立てて感慨はないようだ。このとき、七八年七月に青函連絡船で函館入りしたさい、函館山の夜景を見に行ったことを思い出した。当時、駅から函館山に行くバスは増発をしても満員の状態で、車内のあちこちで知り合ったばかりの大学生の男女がささやきあっていた。

今回のプランは（も？）すべて私が考えたのに、函館発の時刻を忘れている。Sさんに聞いてみる。

「いまから函館山に行けますか」

「ええ、まだ発車時刻まで時間がありますから大丈夫です」

タクシーでロープウェイ乗り場に向かう。この日は弱い雨が降っていて、函館の通りは人が少なく、シャッターの閉じた店が目立った。

ロープウェイで山頂に上がっても、霧がかかっていて絶景にはお目にかかれなかった。天候のせいもあろうが、誰もいない。土産物店も食堂も閑古鳥が鳴いている。まさに押し合いへし合いしながら夜景を見た三十二年前とのあまりの落差に唖然とする。

ロープウェイと市電を乗り継いで函館駅に移り、14時27分発の長万部ゆき普通列車に乗る。国鉄時代を彷彿とさせる二両編成のディーゼルカーで、後ろの一両は途中の森駅で切り離す。落部は森よりも遠いので、前の一両のボックス席を三つ占領する。

北海道らしく、二重窓になっており、窓の大きさも一回り小ぶりだ。

函館の次の五稜郭で、女子高生が何人か乗ってくる。本数が少ないから、決まった列車に乗っているのだろう。いつもなら空いているはずの座席を、私たちが占領していることになる。

北海道新幹線が開業して新函館北斗となるはずの渡島大野《おしまおおの》から上りにかかる(二〇一六年に開業)。晴れていれば、「巴形の函館が、鳥瞰図を展べた様に眼下に開ける」(『みみずのたはこと』)と徳冨蘆花が絶賛した風景が、右手の車窓に木々の合間から見えるはずだが、曇っていてよく見えない。

次の仁山《にやま》を過ぎてトンネルを抜けると、風景が一変する。左手に全く人の手の入っていない湖が現れ、その向こうにはまだ雪の残る秀麗な山が見えるのだ。湖は小沼、山は駒ヶ岳である。時間にすれば、わずか数十秒にすぎないが、函館本線で最初の絶景区間といってよい。

「自然のままの風景が保たれた湖のすぐほとりを行くんですね。これはすごい。さすがに北海道は違うなあ」

Tさんが喜んでいる。するとSさんがこう言った。

「しかし、なんで小沼って言うんでしょうね。沼じゃなくて湖でしょう。沼ならもっと汚くないと」

小沼のほとりにある駅が大沼だ。大沼からは、函館本線が二つに分かれる。勾配のきつい駒ヶ岳を経由する線と、海沿いを行く渡島砂原《さわら》を経由する線だ。前者のほうが古く、後者は砂原線と呼ばれることもある。特急はすべて距離の短い前者を経由するが、普通列車はどちらも一日に上下各六〜七本ずつある。この列車は渡島砂原経由である。

五稜郭からもう一時間がたとうとしているのに、まだ女子高生は乗っていて、隣のボックス席を占領している。鹿部《しかべ》という駅に着く直前、いつもはクールなMさんがカメラを構えながら、珍しくニタニタ笑っている。何事かと思ったら、女子高生の会話が耳に入ったようだ。純朴そうな外見とは裏腹に、ひどくエロい話をしていたという。

森に16時11分着。女子高生を含むすべての客が入れ替わる。十六分停車する間に、Sさんが名物の「いかめし」を買ってきた。勧められて、いかの頭の部分を食べてみる。できたてのせいか、まだ温かく、弾力性がある。噛めば噛むほどタレの味が効いてくる。

森からは一両になるが、線路は複線だ。ここは非電化なのに複線という珍しい区間で、内浦湾に沿うようにして進んでゆく。対岸の有珠山《うすざん》は雪をかぶっている。落部には、16時49分に着いた。ホームの長さが国鉄時代を思わせる。

大正天皇ゆかりの名湯

送迎の車に乗り、銀婚湯に向かう。銀婚湯は、落部から十キロほど内陸に入った渡島半島の中央部にある。落部川の中流、エゾマツやシラカバの木々が立ち、エゾヤマザクラや春モミジが色づく桃源郷のようなところに、その宿はひっそりとたたずんでいた。平日のせいか、客も少なかった。

通された部屋は二階にあったが、階段の壁に掲げられた見事な陣羽織に目がとまった。落部出身のアイヌ、弁開凧次郎《べんかいたこじろう》が、一九〇〇（明治三十三）年に嘉仁《よしひと》皇太子、後の大正天皇の結婚を祝い、子熊二頭を献上するため、宮中で拝謁したときに着用したものだという。

嘉仁皇太子は、一九一一年に函館本線に乗っている。そのとき、弁開凧次郎は大沼公園で皇太子を迎えている。「弁開は声高らかにアイヌ語にて祝詞を奉呈したり。殿下は御機嫌麗はしく終始御目を放さず見なはし給て、祝詞の終るや（中略）弁開が唱ひたる言葉の意味を御下問」した(『北海タイムス』一一年八月二十四日。原文は句読点なし)。つまり、銀婚湯という名称がつけられる前から、この地方と大正天皇の縁は浅からぬものがあったわけだ。

夕食までの時間を利用して、宿の周囲に点在する露天風呂の一つ、「トチニの湯」に行ってみた。数ある内湯や露天風呂のなかでも、源泉濃度が最も高いというのが気に入ったからだ。

部屋で浴衣に着替えてフロントで札をもらい、落部川にかかる吊り橋を渡る。これがなかなかスリルがある。少しでも滑ると川に転落しそうになる。高所恐怖症の人は無理だろう。何とか渡りきった途端、春モミジの赤やカエデの緑が目に飛び込んでくる。矢印にしたがって林道を進むと、今度はシラカバの見事な林が現れた。すべて、一万坪ある銀婚湯の庭園に属している。

林を抜けると、ようやく「トチニの湯」の入口にたどり着く。札を木製の扉にひっかけ、杉の丸太をくりぬいた湯船に入る。湯の名称の由来となったトチの木々に囲まれ、目の前には落部川が流れている。人工的なものは何一つない。聞こえてくるのは、川のせせらぎと野鳥の鳴き声だけだ。何の夾雑物もなく、大自然と裸の自分が相対しているうちに、心が研ぎ澄まされてくる。

満ち足りた気分になって宿に戻り、みなで夕食をいただく。派手さこそないが、山菜やきのこ、函館産の昆布、北里八雲牛のすきやきなど、地のものを主体としており、一つ一つが丁寧に作られている。素材の新鮮さそのもので勝負している感じだ。

Oさんが感心して言う。

「ビールもお酒もみな市販と同じ値段ですよ。すごく良心的な宿ですよね。それだけで好感度が上がります」

Sさんは、つやつやして厚みのある生卵が気に入ったようだ。「持って帰って朝ご飯にかけたいけど、さすがに無理だな」と残念がっている。

翌朝の食事も夕食と同様、丁寧な作りであった。出発までに時間があったので、すべての内湯と露天風呂に入った。露天風呂は、カツラの木々に囲まれた「かつらの湯」、ミズナラの巨木を仰ぎ見ることのできる「どんぐりの湯」、銀婚湯随一のモミジにちなんだ「もみじの湯」がすべて川沿いにあり、どれも独り占めできた。

宿に戻り、Sさんに言った。

「ここにまた誰かと二人で来たいと思っているでしょう?」

「ええ、ちょっとね。まあ相手がいればの話ですけど。原さんこそ、銀婚式のときに奥さんと来ればいいんじゃないですか。きっと喜びますよ」

「いや、妻はダメだな。高所恐怖症で吊り橋が渡れないから、一番いい露天風呂に行けないと思うよ。それより、ここで缶詰になってみたいな」

「それはいいですね。原稿をとりに来たついでに編集者も二、三日滞在できたら最高だなあ」

もし私が大正天皇の研究をしていなければ、銀婚湯に気づくこともなかったに違いない。研究が縁で訪れたこの宿は、単に大正天皇の足跡を確認するだけにとどまらない至福の時間を、私ばかりか五人全員に与えたようだ。

倶知安の天ぷらそばよ、永遠に

落部の駅に戻り、10時36分発の長万部ゆき普通列車に乗る。前日と同じ一両編成である。客は数人しかおらず、その客たちも途中の八雲でみな降りてしまう。右側の車窓には、相変わらず内浦湾が寄り沿っている。サーファーのTさんは海が好きなようだ。穏やかな海をずっと見つめている。

長万部には11時31分に着いた。一九七八年七月の記憶がよみがえってくる。函館を9時40分に出た急行「すずらん1号」は、長万部に11時17分に着いた。二分の停車時間を利用して窓を開け、ホームにいた駅弁売りを呼び寄せて五百円の「かにめし」を買った。高校生にとっては高かったが、当時の「かにめし」は森の「いかめし」と人気を二分する北海道の名物駅弁だった。

それから三十二年がたち、森の「いかめし」はデパートの駅弁大会で最も売れるほどのブランドを確立させたのに対して、長万部の「かにめし」はすっかり目立たなくなってしまった。いま、あの「かにめし」はどうなっているだろうか。ホームに駅弁売りの姿はなかったが、駅を出た道路の向かい側に、「かにめし」を製造する「かなや」があった。三十二年前と同じ業者である。まだ駅弁があるとわかり、ほっとする。

駅弁を買い、すでに入線している小樽ゆき普通列車の車内で開けてみる。その瞬間、思わずあっと声を上げた。ご飯の上を覆い尽くすカニフレークの白。点在するしいたけの黒と錦糸玉子の黄とグリンピースの緑。食欲をそそる見事な色合いは、あのときのままだ。

まだ温かい。蟹肉を食べてみる。ふわりとした食感に、独特の濃厚なエキスがじわじわと広がってゆく。思わず顔がほころんだ。三十二年前の感動がまたしても湧いてくる。

小樽ゆきの普通列車は一両編成で、長万部までとは違い、明らかにJRになってから製造されたとわかる車両であった。長万部からは山間部に入るため、勾配がきつくてもスピードの出る新型車両が必要とされたのだろう。

長万部を出ると、すぐ左にカーブして、まっすぐに敷かれた室蘭本線の線路と分かれてゆく。室蘭本線は複線、函館本線は単線だ。同じ「本線」ではあっても、向こうが幹線、こちらがローカル線にしか見えない。

新緑と川のせせらぎ、そして残雪をいただく連山。田んぼに水はあっても、苗はまだ植えられていない。列車は時に急勾配で峠を越え、無人の防雪林の間をひた走る。運転台で前を見ていたSさんが、「列車にひかれたのかな。キツネの死体がありましたよ」と言う。

間もなく左右の車窓に、ニセコアンヌプリと羊蹄山《ようていざん》が見えてくる。しかし、雪をかぶったニセコアンヌプリが輪郭までくっきりと見えるのに対して、蝦夷《えぞ》富士と呼ばれる羊蹄山は雲がかかっており、全容は見えない。

倶知安に13時50分到着。駅舎も跨線橋も三十二年前と全く変わっていない（現在は北海道新幹線のホームを建設するため一変している）。さあ、これからが最大の山場だ。

北海道の多くの市や町と同じく、俱知安も碁盤の目のように通りが敷かれている。記憶をたどりながら、まずは駅から向かって右側の通りを歩いた。

このあたりにあったはずのスーパーは、姿を消していた。おかしいなと思いつつ、今度は左折して駅前大通りに向かって歩いてゆくと、前方にそれらしき自販機が目に入った。思わず足が早まる。

「あっ、やっぱりこれだ」

その自販機は、「みまた」というそば屋の前にあった（二〇一一年に撤去された）。駅から歩き始めてわずか十分足らずで、Sさんの言う奇跡が起こったのだ。

天ぷらそばと書かれたロゴに見覚えがある。天ぷらそば一種類しかないのも、あのときと同じだ。値段は二百八十円。小銭を入れてボタンを押すと、わずか二十七秒で出てくる。

そばは白くて細く、天ぷらには海老が交じっている。ああ、こんな味だったよなあと、食べながら記憶を重ね合わせる。つられてSさんも買って食べる。

「これ、うまいじゃないですか。それにしても、機械のなかがどんな風になっているのか、気になりますね」

そば屋の主人を呼んでくる。

「倶知安はそばの町でね。前はこんな自販機がほかにもあったけど、いまはもううちだけになっちゃって。でも冬の間はつゆが凍ってしまうのでできない。つい最近また

そば屋「みまた」の主人にお願いして自動販売機の中を見せてもらう。想像以上にオートマティック。しかし、つゆは自家製、麺は生そば

倶知安の天ぷらそばの自動販売機と奇跡の邂逅を果たし、一口。そして、たまらずこの表情！

販売を始めたんだけど、再開を待ってくれているお客さんもいてね。この機械が動く間はやめられないよ」

私が三十二年前にこの自販機で天ぷらそばを食べたと言うと、主人はびっくりしたようだった。

これでひとまず目的は達した。商店街に本屋が三軒あったので入ってみる。「小説現代」は二軒には一冊もなく、一軒に三冊平積みされていた。

大自然から大都会へ

倶知安15時15分始発の小樽ゆき普通列車に乗る。今度は二両だ。

途中、小沢《こざわ》から銀山にかけては、函館

本線の難所の一つと言われる稲穂峠を越える。ＳＬが走っていたころは、Ｃ62がドラフト音を響かせながら、重連で越えたところだ。しかし、私たちが乗る列車は、平地と変わらぬ軽快な響きで難無く越えてゆく。銀山では上り列車と交換のため八分停車。ひんやりとした空気の心地よい高原の無人駅であった。

目的を達した安心感からか、急に眠くなってくる。ふと目が覚めると、列車はもう小樽の市街地を走っていた。前日の函館以来、久しぶりに見る大都会である。小樽着は16時30分であった。

函館本線は、小樽を境にがらりと性格を変える。再び複線になるばかりか電化もされていて、一時間あたりの本数もほぼ五、六本に急増する。札幌への通勤区間に入ったからだ。

私はこう提案した。「夕食には少し早いけれど、南小樽においしいラーメン屋があるので行きましょう」。南小樽は、小樽の次の駅である。

目指すラーメン屋は「初代《しょだい》」といい、南小樽の駅から海沿いの道を少し歩いていったところにある。これまでに三回ほど訪れたことがあるので、迷うことなくたどり着いた。昼時は行列ができるのだが、中途半端な時間帯だったせいか、店内に客はいなかった。

南小樽駅が最寄り。原氏行きつけの「初代」へ向かう。この旅を飾る最後の麺は味噌ラーメンだった

函館の「あじさい」には、カレーライスのようなラーメン以外のメインメニューもあったが、「初代」はラーメンだけで勝負している。しかも、醬油、味噌、塩ともにきわめて高いレベルを保っている。私はこの店の醬油ラーメンが好きなのだが、ほかの四人がみな味噌ラーメンを頼んだので、味噌にした。

待つほどもなく出てきたラーメンを五人ですする。味噌ラーメンは札幌の「純連」が有名だけれど、あれほどこってりとはしていない。味噌はまろやかで麵によくなじむ。テレビ番組で有名になってから久しいのに、味のレベルが落ちないのは、不便な場所が幸いしているからではないかと思った。

南小樽を17時37分に出る新千歳空港ゆき快速「エアポート180号」に乗る。これまでの一両ないし二両編成とは違い、六両もつないでいる。それなのに、小樽発のこの列車は、南小樽でほぼ満席になった。札幌から小樽に通勤している客が乗っているのだろうか。

曇ってはいるが、陽はまだ高い。次の小樽築港《ちっこう》を過ぎると、列車は銭函《ぜにばこ》の手前まで、石狩湾ぎりぎりの岸壁をしばらく走る。一八八〇（明治十三）年の開通以来、線形も風景も少しも変わっていない珍しい区間だ。一九〇七（明治四十）年九月十四日、小樽～札幌間の列車に乗った石川啄木も、「銭函にいたる間の海岸いと興多し」と日記に書いている。

銭函を過ぎると、もう完全に札幌の市街地になる。真新しいマンションや団地が次々に現れ、手稲《ていね》、琴似《ことに》と乗り降りが激しくなる。啄木が「銭函をすぎてより汽車漸《よう》やく石狩の原野に入り一望郊野立木を交へて風色新たなり」と記した風景は、もうどこにもなかった。

函館本線にずっと乗ってくると、札幌がいかに異様な街であるかがよくわかる。函館や小樽がせいぜい地方都市だとすれば、札幌は東京に相当する。列車が札幌に着いたところで、もう東京に帰ってきたような気分になる。この落差の大きさこそが、いまの北海道を象徴しているように思われてならなかった。

（二〇一〇年五月二十六〜二十七日）

ひとり旅

バス&南海高野線でゆく「聖と俗の高野山」

酒井順子

弘法大師空海がひらいた真言宗の総本山・高野山。千二百年の歴史を誇る古刹・一乗院は、霊元天皇をはじめ、九条家や諸大名の帰依を受けた由緒ある寺院で、高野山きっての人気宿坊でもある

神社仏閣へと参詣する人達を運ぶことを目的として、もしくは見込んで敷設された鉄道は、実に多いのだそうです。鹿島《かしま》線（鹿島神宮）、身延《みのぶ》線（身延山）、近江鉄道多賀《たが》線（多賀大社）、近鉄橿原《かしはら》線（橿原神宮）……と、色々な線が思い浮かぶもの。

そもそも庶民の移動欲求のルーツは、参詣行為にあると言ってもいいでしょう。ふらりと旅をするなどということができなかった時代でも、人々はお伊勢参りのためであれば、旅をすることができた。そういえば今も、伊勢へと向かうのは「参宮線」と、そのものずばりの名称を誇っております。他にも、「〇〇参宮線」などと、神社の名前をつけた路線ができたり消えたりしているわけですが、日本の〝THE・神社〟である伊勢へと向かう線は、伊勢参宮線ではなく、「参宮線」であるわけです。

南海高野線も、その手の参詣鉄道の一つでしょう。なんば駅を始発とする列車は、その名が示す通り、高野山までの約六〇キロの道程を走行するのです。

私は今回、高野山を目指すことにしたわけですが、そこには明確な目的があるのでした。高野山といえば、弘法大師空海が開いた地。そして弘法大師といえば、字が上手。実は書道を十五年ほど習っているのに一向に上達する気配が無い私としては、高野山において、字の上達を願いたかったのです。

東京駅六時一六分発のぞみ3号に乗車したのは、小説現代のSさん、カメラマンMさん、そして私。今風男子二名と一緒という、旧ドリカム編成です。割と珍しい旅の形態と言っていいでしょう。

なぜこんなに早朝に出発するかと言いますと、往復ともに南海高野線というのも芸が無いということで、往路は別ルートをとることにしたから。まずは紀伊半島を南下し、そこから半島の真ん中辺りにある高野山まで北上するという、手の込んだルートにしたのです。

早朝ということで、のぞみでは全員が早々に意識喪失。

「酒井さん、新大阪に着きましたよ」

と、Sさんに起こされます。

「まだ名古屋かと思った〜」

と、情けない声を出しつつ下車し、在来線方面へ。高野山ではきっと味わうことができないであろう、スターバックスのラテを購入してから、新大阪九時二分発、オーシャンアロー3号に乗り込みました。

ブルーと白のツートンカラーのオーシャンアローは、大阪の街を南下し、やがて和歌山に入ります。和歌山〜御坊《ごぼう》間は、みかん畑の青々とした緑が広がっていました。

この列車の先頭車両は、太平洋のイルカをイメージしているのだそう。

列車は、紀伊半島の西岸を進みます。揺れ防止のために、「制御付き振り子式」というシステムを採用しているそうなのですが、カーブが多いのでそれでもけっこう揺れる。寝不足のせいもあってか、うっすら気持ちが悪くなってきたところで、一時六分、下車駅の紀伊田辺に到着しました。いつのまにか景色は、みかん畑から梅畑、と言うか梅林が多くなっていて、色づきかかった実が、たわわになっています。

陽光眩しい紀伊田辺に降り立つと、いかにも南へ来た、という感じがしました。弁慶が生まれ、南方熊楠《みなかたくまぐす》が没したというこの地、何やら濃厚な空気が漂っています。

「あの世」へ向かうバス旅

我々はここからバスに乗ろうとしているのですが、寝不足と列車の揺れと濃厚な空気とに、どんよりとした気分になっていた私は、駅前のお土産屋さんにて、梅エキス飴というものを購入しました。一粒口に放りこむと、煮詰めた梅の力が、身体に入っていくような気分に。

そこにやってきたのは、龍神バス。いかにも強そうな名前ですが、それというのも

新大阪を出発し、紀伊半島を南下。紀伊田辺に到着したオーシャンアロー。急カーブにも強い「制御付き振り子式」を使用した283系

「龍神」とは、このバスの終点の地。龍のキャラクターが描いてある小型バスに乗って我々は龍神温泉へと向かうのですが、我々の他に乗車しているのは、数名のおばあさんのみ。

梅林の中を、バスは進んでいきました。市街地を出てすぐ、バスは右会津川沿いを走りだします。やがて川は峡谷となり、巨岩や奇岩がごろごろしているわ滝は落ちるわと、路線バスから眺めているとは思えない風景に。何でもここは、奇《き》絶《ぜつ》峡《きょう》というスポットなのだそうですが、地元のおばあさん達は特に注意を払いません。

次第にバスが紀伊山地へと入り、上り坂ばかりになってくると、ぽつりぽつり

とおばあさんが下車していきます。バスは車内放送の機械が故障しており、乗車時に運転手さんが乗客一人一人に、降車場所を訊ねていました。すると下車の時も、

「ここでしたよねぇ？」

「そうそう、このカーブの先で停めて。もうちょっと先」

などと、おばあさんは家の前でバスを停めてもらっている。田舎のバスは往々にしてお年寄りしか乗っていなかったりすることがありますが、だからこそ柔軟な対応が必要となっているのでしょう。

そうこうしているうちに、乗客は我々だけになりました。周囲はすっかり山深くなっています。紀伊田辺から約一時間二十分、龍神温泉に到着です。

バスから降りると、紀伊田辺とは明らかに違う、少しひんやりとした空気を感じました。見回しても人っ子一人おらず、それがまたひんやりとした感じ。

川沿いに並ぶ宿の中には、「上御殿」「下御殿」という名もあり、それは何でも、紀州藩の殿様が来ることになった時にできた宿であるそう。美人の湯でもあるということで入りたい気持ちは満々ですが、次のバスに乗り継ぐまでに、それほどの余裕は無い。まずは腹ごしらえ、ということで、やっと発見した通行人である郵便局職員の方にうかがって、少し先にある道の駅へと行くことにします。

道の駅は、日高川沿いにありました。川ビューのテラス席があったので、そこで昼食。Sさんは地元のおかずが色々と食べられる昼定食、Mさんはあまごにゅうめん。私は、地鶏を使用したきじ焼き重にしました。夏というのに、川を吹く風は、肌寒く感じられるほど。

地図で見ると龍神村（二〇〇五年に田辺市と合併）は、紀伊山地の只中に、ぽつんと存在しています。やや東に視線を移せば、そこには十津川《とつかわ》村。龍神村と十津川村は、和歌山・奈良の県境をはさんで東西の位置関係にあり、どちらも山深いことで知られているのでした。

ここで乗り換えたのは、一四時二九分発、護摩壇山《ごまだんやま》行きの龍神バス。さらに山深くなっていき、道は右へ左へとカーブ。バスはずいぶん高いところを走っており、彼方に目をやれば、山の奥にはまた山、そのまた奥に山……と、幾重にも連なっている。滅多に車にも出会わず、緑の海にぽつんと漂う船に乗っているかのような感覚になってきます。道端には滝。カモシカも出るらしい。

「秋は、和歌山で一番紅葉がきれいなところちゃうか〜」

と、運転手さんはおっしゃいます。

標高が一〇〇〇メートルを超えた辺りから、次第にもやが濃くなってきました。この辺りは、紀州の屋根と言われる高山地帯。

一五時一七分に護摩壇山に着いた時には、辺りは霧に覆われていました。ここは標高一三〇〇メートル超ですので、下界から見たならば雲の中でしょう。バスから降りると、涼しいと言うよりは寒くて、長時間外にはいられません。

護摩壇山とは、屋島《やしま》の戦いに敗れて逃れてきた平維盛《たいらのこれもり》が、護摩を焚いて行く末を占ったという伝説からつけられた名。つまりは、敗走した平家が逃げ込むほどの山奥ということです。

寒さに耐えかねて乗り込んだバスは、本日の最終乗り物である、高野山駅行きの南海りんかんバスです。目的地まで、あと一時間。

龍神バスとは違って大型の南海バスは、我々のみを乗せて一五時三五分に発車し、高野龍神スカイラインを高野山へ向けて、走りました。景色は変わらず、山また山です。山の空気を吸引した私は、またぞろ眠くなってきたのですが、うとうととして目が覚めては山、またうとうとして目が覚めても山……と、この世とあの世の境をバスで走っているような気分に。実際、高野山というのは「あの世」に近い場所なのかもしれませんし。

宇宙と一体化する（？）宿坊体験

一七時ちょうどに到着した高野山は、しかし意外と「この世」でした。バス停がある場所には、食堂やら喫茶店やらお土産物屋さんやら銀行やらがあって、ちょっとした町。ただ、町にしては妙に坊主頭の人が多いというのが、特徴です。

とにかくやっと高野山に到着したということで、我々はホッとしたのでした。朝六時すぎに東京駅を出て、大阪の街やら紀州の海沿いやら山の中やら、色々な地を十一時間かけて走り抜いてきたのです。鉄道やバスなど無い時代の人々は、想像を絶する苦労の末に高野山にたどり着いたのでしょうが、好きこのんで選んだルートとはいえ、我々にとっても一種の達成感が得られるゴールでした。

静かな町を歩き、今夜の宿である別格本山一乗院《いちじょういん》へ。一乗院は、様々な寺が集まる高野山の中でも、千二百年前に開かれたという古刹《こさつ》。今夜はその宿坊に泊まるのです。

大きな門をくぐった時、私は少し緊張しておりました。我々のような都会の生臭さまんまんの者が、宿坊になど泊まっていいのであろうか。腹の中の黒ーい部分を見抜かれてしまうのではないか、と思ったから。

まず出てきたのは、若いお坊さんでした。彼は、我々が靴を脱ぐ前に、

「まず、手を出してください」

と言い、それぞれの手に何やら茶色い粉のようなものを、少しずつ配ります。

「これは塗香《ずこう》と言いまして、清めの意味を持ちます」

ということで、両手をすりあわせるようにすると、なるほどそれはお香。これは、我々の生臭さを見抜かれたからではなく、宿泊客は皆、行なうことらしいです。

案内された部屋は、とても快適でした。お寺と言うと、隙間風が吹く中で正座、的な印象がありますが、最近の宿坊は、どこも近代的なのだそう。こちらでも、ウォシュレット付きのトイレ、清潔な畳にテレビと、非常に快適なのでした。

夕食は五時半からというところが宿坊らしいわけで、給仕をしてくださるのもまた、お坊さん。Mさんは、

「若いお坊さんは皆、眉毛を整えていますね……」

と、カメラマンらしく鋭いところを見ています。

朱塗りの器で供される食事は、もちろん精進料理です。胡麻豆腐、精進揚げ、こんにゃくのお造り、野菜の炊き合わせ、蕎麦、そしてご飯は黒米入りと、健康的なことこの上ないメニュー。前夜、ギトギトの中華料理など食していた私としては、身が清

まる気分です。

料理はどれも丁寧に作られていて、美味。高野豆腐を食べていて、私は生まれて初めて「これって、高野山で生まれたから高野豆腐って言うの!」ということを発見いたしました。

旅館でよく出るような、固形燃料の上に陶板が載っている料理もありました。中では、「じゅーっ!」と、まるで牛肉を焼いているかのような音。「まさか?」と蓋を取ってみると、そこには牛のオイル焼きから牛を取り除いたもの、がありました。つまり、牛がそこにあれば「付け合わせ」と言われるであろう野菜が、オイル焼きになっていたのです。「やっぱそうだよね……」と、野菜をいただく。

わらび餅や果物とデザートまでついた食事を終えても、まだ外は明るいのです。そこで我々は、写経にトライすることに。

書道の本場・高野山での写経ですから、効き目は大きいかも……と、三人で机を囲み、小筆を持って黙々と般若心経を書いていきます。紙には薄く般若心経が印刷してあり、それをなぞるのですが、普段はし慣れぬ「集中」ができて、気分は爽快。どこかで鳴る鐘の音を聞きつつ、眉根にシワを寄せて、一文字一文字、書いていく。が、次第に雑念が頭の中で暴発していきます。『『無』っていう字がなんでこんなに多いんだー」「あすのお昼は何食べよう」「お坊さんってデートとかどこでするのかな?」等々、とても「無」どころではない。一時間ほどかかってようやく完成したのですが、自分の雑念がいかに多いかを確認する作業となりました。

写経の後は、入浴です。一乗院のお風呂は、とてもきれい。途中、坊主頭の人が入ってきたのでドキッとしたらそれは宿泊中の尼さんで、尼さんであると解った瞬間にもう一度ドキッとしたりしたのでした。

翌日は早いので、早々に就寝。朝六時すぎにはもう、「これから本堂で朝の勤行《ごんぎょう》です」というアナウンスが入り、宿泊客も集合します。正座をしてお経を聞き、途中でお焼香をするのですが、このお経が、けっこうな長さではありませんか。「そろそろ終わるかな～」と思うとまた続く。頑張って正座を続けようと思っていたのですが、とうとう途中で挫折しました。

やはり精進の朝食をぺろりと平らげた後も、我々には修行が待っています。一乗院では、申し込めば「阿息観《あそくかん》」というものを体験することができるのです。阿息観とは、座禅の密教版と言うことができるそうなのですが、座禅は無言で無念無想を目指すのに対して、阿息観は梵字《ぼんじ》の「ア」を唱えて天地と呼吸を合わせ、大自然などをイメージしながら、宇宙との一体感を得るもの、だそう。

静かな部屋で、一乗院副住職（当時）の佐伯公応《さえきこうおう》師と我々三人は、向かい合いました。それだけで緊張するのですが、説明をしていただき、半跏《はんか》座《ざ》で座り、法界定印《ほっかいじょういん》を結んで「アー」と声を出せば、ますます緊張。三人が雁首《がんくび》そろえて「アー」と言っている状態が何やらおかしいのですが、「おかしがっている場合ではない」と、昨日バスから見た紀伊山地の山々を思い浮かべつつ、「アー」。が、足の痺れが意外に早くやってきました。次第に、痺れを通り越して無感覚に、その後は痛みに。もうこれ以上は……と足が崩れそうになった瞬間、副住職は、

「はい、これくらいにしておきましょうか」

と穏やかにおっしゃった。いやはや、仏道修行って、厳しいものです……。

禅定《ぜんじょう》までの険しい道のりをほんの少しだけ想像した我々は、一乗院をおいとまし、町を歩きました。本屋さんではお坊さんが立ち読みし、スクーターに乗っているのもお坊さん。尼僧の学校からは、初々しい尼僧の卵達が行列して出てきて……と、そこはお坊さんのサファリパークのよう。

奥之院へといたる路には、杉の大木とともに、歴史上の偉人や武家の墓である五輪塔が並び、歴史好きのSさんは目を輝かせます。弘法大師が入定《にゅうじょう》された奥之院では、しっかりと「字が上手になりますように」とお願い。仏塔好きの私は、日本で二番目

に古い多宝塔がある金剛三昧院を訪れることができて、すっかり満足しました。

ちなみにお昼ご飯は、食堂の前を通った時にSさんがカツカレーを凝視していることが誰の目にも明らかであったので、そちらで。私もカレー（せめてもの精進心でカツ抜き）にしましたが、精進後のカレーが、何とおいしかったことよ……。

嗚呼、俗世の喜びよ

高野山を堪能した我々は、そろそろ帰途につくことにして、ケーブルカーの高野山駅へと向かいました。高野山駅の駅舎は、一九二八年にできた木造二階建てで、全体は洋風デザインなのに屋根は寺院っぽく、屋根の上に堂々とそびえるは水煙の宝珠という、ありがたい感じの駅。登録有形文化財にもなっている、名駅舎です。

ここから乗るケーブルカーはやけに急な傾斜を下っていくのであり、俗世という名の地獄の底に落ちていくような気分になるのですが、しかし到着するのは、極楽橋という素敵な名前の駅。標高八六七メートルの高野山駅から、五三八メートルの極楽橋駅まで、五分ほどで下ります。

極楽橋駅は、南海高野線の終着駅。駅の周辺には何もありませんので、乗降客はほ

南海電気鉄道鋼索線の高野山駅。標高867メートルに位置し、駅舎は登録有形文化財。南海電鉄自ら「当社の代表的な観光駅」と誇る

ケーブルカーは二両連結運転。駅の地下室に据えられた出力400キロワットの巻上機二台でケーブルカーを上下に動かしている

運転速度は秒速３メートル。緑濃い大自然の中を落ちるように向かう先は極楽橋駅

ぼ全員、南海とケーブルとの乗り換えを目的としているものと思われます。

駅では、高野山でお供えに使う高野槙が、お土産用に売られていました。行き先表示に「なんば」とある車両が停車しているのを見ると、下界へ降りるのだな、という気持ちが強くなってきます。しかし車両に乗り込むとそこにはお坊さんが自然に座っていたりして、サファリパーク感はまだ続く。

この列車は極楽橋駅を出ると、紀伊神谷駅—紀伊細川駅—上古沢《かみこさわ》駅と、百メートルずつくらい標高を下げていくのであり、耳がつーんとなってきます。下界とはまさに、下にある世界。次の下古沢駅となると標高は一七七メートルとなり、開いたドアから入ってくる空気は、ムッとした熱気と湿り気を帯びていました。それまではほとんど見えなかった人家も、ぐんと増えています。

ここまでの区間は、四〇〜五〇パーミルという急坂。絶景続く山中にぽつりとちりばめられている古い駅舎は、JRだったら当然無人だろうに、という存在感なのですが、ちゃんと有人で自動改札になっているというのが、関西私鉄っぽい感じです。

下古沢駅から二つ目の九度山《くどやま》駅にて、我々は途中下車。何でも真田幸村親子がこの地で閑居したのだそうで、歴史好きのSさんがぜひ見ておきたいということだったのです。特にその辺に興味の無い私は、ギラギラとした太陽を受けつつ、そして嬉々として史蹟を眺めるSさんを眺めつつ、「下りてきちゃったな……」と思っていたのでした。

再び南海に乗って、橋本駅で急行に乗り換え、今度は一路、なんば駅を目指します。高校生達でいっぱいの車中で、当然ながら私の目蓋は即、重ーくなってきています。そういえば今朝は、六時すぎからお経を聞いたり「アー」と言ったりしていたわけで、そりゃ眠いよね……あれ、でもこれって鉄道紀行じゃなかったっけ……この南海高野線が主目的だったんじゃなかったっけ……と思ってはみたものの、睡魔に抗うことはできず、私は別世界へ。堕ちていく快感って、こういうことを言うのですね。

その快感の果てにあったのは、終点のなんば駅でした。さっきまで高野山の清浄な空気を吸っていた我々は、俗世中の俗世である千日前商店街へ吸い寄せられていきます。派手なネオン、パチンコ屋さんの大音量、ティッシュ配り、大量の人。南海高野線ほど、聖と俗とのコントラストをはっきりと見せてくれる路線は、他に無いのではないでしょうか。あまりに対照性がはっきりしているからこそ、乗客は聖地の聖性を実感することができるし、また俗世に戻ってきた時は、俗の喜びを享受することができる。神社仏閣参りをした昔の人々もきっと、「行ってよし、帰ってよし」の気分だったのではあるまいか。参詣鉄道とは、そのように庶民に日常の有り難みを感じさせるための存在なのです。

……としたところで、鼻孔にはなつかしく魅力的な香りが、感じられてきました。そう、これはソースが鉄板で焦げる匂い。辛抱たまらん、とお好焼き屋さんに入った私達は、豚玉とか牛スジねぎ焼きとかを矢継ぎ早に注文しました。肉の脂とソースとマヨネーズが溶け合った禁断の味にうっとりしながら私が思ったのは、「字は一生、上手にならないでしょう」ということ。そして山上にましまず弘法大師様にも、この味を少し、お裾分けしたくなったのでした。

（二〇一〇年六月二十一～二十二日）

では、俗の喜びを享受いたしましょうとコテを捌く。千日前商店街のお好焼き屋にて

三者三様の愛の形

酒井順子

大袈裟に言うと、どんな風に旅をするかはどんな風に生きるかに似ているのであって、そうなると「誰かと一緒に旅をする」ということは、その人の人生を覗き見するようなものではないかと、私は思うのです。ゆっくり進むのか、さっさと巡るのか。人とのふれあいを楽しむのか、黙って旅するのか。食べ物にこだわるのか、お腹が満たされればいいのか。……旅は、その人の人生を凝縮したような時間なのだから。

仕事として旅をする面白さは、そこにあります。私生活においては、同性であれ異性であれ、親しい人と一緒に旅をするもの。時に相手の意外な一面を知ったりするけれど、だいたいはその人の生きざまを把握した上での旅となるわけです。

しかし仕事においては、「業務を同じくする」という理由だけで、それほど緊密な仲ではない人同士が、一緒に旅をします。「はからずも」という感じで、他人様の生きざまを目のあたりにすることになる。

私達三人も、「鉄道が好き」というくくりで集められ、共に旅をすることとなったわけです。よく、鉄道好きな人達は皆、仲間なのだろうと思われることがありますが、同じものが好きだからといって気が合うとは限らない。鉄道ファンという人種は、鉄道の何を愛するかによって細かく分派が成り立ってもいるのであって、果たして三人旅はうまく成立するのか、鉄道愛の方向性の違いが深刻な不和につながりはしないか……？　と、最初は少し不安でもあった私。

しかし、案ずる必要はなかったようです。鉄道愛の方向性は確かに人それぞれではありますが、三者三様の愛の形が混ざり合うことによって、よく知っている人と行く時には味わうことができない、オリジナルな旅ができてきたのです。

旅をするうちに、お二人の「鉄道への接し方の違い」を見ることが、私はとても面白くなってきました。関川さんの場合は、孤高の叙情派鉄、という感じ。鉄道に関する知識もたっぷりお持ちでありながら、それを表には出さず、味のある分岐などを眺めながら、しみじみしておられる。食べ物でも何でも、

「俺は何でもいいよ～」

とおっしゃるところが、大人《おとな》であり大人《たいじん》、という風格を感じさせるのでした。

一方では、関川さんは可愛らしいところもお持ちです。まず、無類の甘い物好き。また、磐越東線に乗って鍾乳洞を見に行った時など、ふと気が付くと関川さんのお姿が見えない。暗くて狭いところがお嫌いということで、一人で先にぴゅーっと外に出

てしまっていたのであり、「誰にでも弱点というものがあるのだなぁ」と、思ったことでした。

原さんは、ひとことで言うならば、一行のアイドルです。日本の政治史を研究される大学教授というと大変に堅い印象を持つものですが、興味ある対象への気持ちの向け方は、純粋そのもの。件の鍾乳洞では、そこから奥は水びたしなので皆が引き返すという地点で、原さんはブリーフケースを持ったまま、躊躇なく靴と靴下を脱いで、びしゃびしゃと奥へ。少年のような探求魂が、そこにはみなぎっておりました。

私はいつも、原さんによる車窓解説を、

「なるほどー」

と口を開けて聞く落ちこぼれ生徒役であったわけですが、生徒にどれほど教え甲斐がなくとも、きっちり説明して下さる原さんのその姿勢、食べたい駅弁、食べたい駅ソバは必ず食べるというその姿勢は、お父様によって鉄道愛が育まれたという少年時代を彷彿とさせるのです。

そんなお二人と鉄道の旅を共にするということは、とても贅沢な体験でした。そこに線路があるから列車に乗るだけ、という私に対して、お二人は鉄道を日本の歴史ごと把握しておられ、さらにそこに、ご自身の鉄道体験が重なってくる。表面に見える線路の下に何層にも積み重なっている、目に見えない物語を聞きながら、列車に揺られることができたのです。

鉄道の乗り方には、男女差がかなりあるものです。男性鉄道ファンによく見られるのは、「とにかくたくさん乗りたい」「乗っていない路線をなくしたい」という、収集欲にも似た欲求。対して女性の場合は、乗りつぶしなどせずとも、「今この時間を、楽しく列車の中で過ごしたい」という刹那的欲求を抱きがちです。

お二人には、その収集欲的なものが薄いことは、私にとって幸いでした。昔はその手の感情もお持ちだったのかもしれませんが、今やお二人とも、まさに「つぶす」ようにガッガッと鉄道に乗る虚しさをご存じなのでしょう。関川さんは、ほとんど恬淡《てんたん》の域に達している乗り方のように見受けられるし、原さんの場合は本当に乗りたいものにしか乗らないという、超グルメ鉄。

私にとって、お二人から鉄道に関する知識を聞かせていただくことも楽しかったのですが、お二人それぞれの鉄道の乗り方を身近に感じることは、さらに貴重な体験でした。車窓風景を眺める横顔を盗み見れば、関川さんは優しく強い目で、景色よりさらに遠くを眺めておられるようだし、原さんは何かを常に探しておられるよう。性別や性格によっても乗り方は変わりますが、年齢を経ることによって、鉄道に求めるものもまた変わってくるのかもしれません。

「観光」とは、国の光を観るということからきた言葉だそうですが、誰かと共に旅をするということは、一緒にいる人を観るということでもあるのだと思います。この三人旅において、私は各地の光を観ると同時に、関川さんと原さんという、希代の鉄道乗りの「人」をも観ることができたのでした。

かく言う私は……と申しますと、鉄道が好きと言う割には、列車に乗るとその揺りかご効果にやられて、すぐこっくりこっくりしてしまう者。言うならば、「眠鉄」です。三人旅においても、車中座談会においてお二人のお話を聞きながら、つい意識が遠退きそうになった、と言うより本当に遠退きっぱなしだったことが何度も。座談会出席者が途中で寝るなどということは普通はあり得ないかと思われますが、場が列車であるとそれもなぜか許され、私が寝こけている間に、お二人は有意義なお話を進めて下さったのでした。

しかし、旅の終りはいつも三人とも疲れ果て、座席で揃って寝ていたこともしばしば。すぐに車内で寝てしまうということに関して、一応は罪悪感を抱いている私としては、「関川さんも原さんも、寝るんだ……」と安心して寝こけることができたその瞬間がもっとも幸せであったことを、ここに告白しておきます。

「社員旅行」ノスタルジー

関川夏央

「汽車旅」の目的は雑学的知識の収集ではない。

「旅情」を感じつつ孤独にひたる、などというのもやや見当違いではないかと思う。「旅情」や「感傷」など、実人生に掃いて捨てたいほどある。あえてよそに探しに行くことはなかろう。

汽車旅は、たのしく呑気に、笑いながら行くのが本筋ではないか。そのためには冗談の通じる道づれが大切だが、あいにくみんな忙しい。

オトナには得がたいそんな旅が、雑誌の企画だから実現した。

鉄道一途な原武史さん。その反対に、乗ればすぐ寝る酒井順子さん。べつに汽車旅でなくたって、仕事で「のんびり旅」ができれば不満のない編集者諸君とカメラマン。年を重ねても治らぬ拗ねものの私を除けば、みなユーモアを解するたのしいメンバーであった。汽車旅はこうでなくちゃ、と思った。

第一回、日光をめぐってわたらせ渓谷鐵道に乗る旅では、まだ雰囲気が硬かった。

しかし、東武線で春日部あたりを走る行中だったか、「伊藤咲子来たる」の看板が出ていた健康ランドを見つけたエピソードを原さんが語ってくれたとき、空気がレトロになごんだ。団地研究家でもある原さんはやたら東京郊外にくわしいうえに、侘びた街並みと過ぎた昔を好むのであった。

おお同志、と私は思った。「ひまわり娘」の伊藤咲子ではないか。彼女が象徴する、明るくてビンボーくさい昭和四十年代が、私は嫌いだ。なのに懐かしくて、ときに人に隠れて泣いたりしていたからである。

回をかさねるごとに息があうようになった一座の汽車旅は、どれも忘れがたい。米原で始まり、直江津に至ったときは全員がそば臭くなっていた北陸一周日帰り駅そばの旅などは、とくに。

笑えない冗談も聞こえなかったふりはしない。ちゃんと誰かが責任を持って笑ってあげる。そんな暗黙の約束の空間は、みなの人柄のたまものであった。

全員同行最後の旅、五能線の車窓は、暗い海に小雪舞う昭和四十年代演歌そのもので、「失恋・落魄・都落ち」、そんな物語にひたって遊ぶには最適であった。

ああ、そのような時もありき、寒い寒い日なりき。中原中也気分で過去を詮なく反省していると、同乗している中年カップルの客が目に入った。

いっそ不倫旅行ならいいんだが、男はスポーツ新聞を、女は週刊誌を読みふけるばかりで、車窓なんか見やしない。人生とはかくも散文的、そう見切ったみごとな絵柄に圧倒されて、レトロもセンチメンタリズムも、ついでに反省も飛び去った。

深浦、鰺ケ沢、五所川原、川部、弘前と進んで八戸に着き、市場へ行った。買った海産物をその場で焼いて食した。ビールを飲んだ。これがなかなかよかった。演歌よりやっぱり宴会だ。小津映画の社員旅行の団欒のようだ。

佐野周二、佐田啓二、原節子、岡田茉莉子などは東銀座にある小ぶりな会社の社員で、みな品がよくて、仲がよい。似ても似つかぬにしろ、私たちの自己像もそのときは昭和三十年代の品のよいサラリーマンで、よい気分にひたった。

実務担当の若いS君、ハンサムなカメラマンのM君、このふたりはよく小事件を起こした。

S君は飯田線の車窓見物に我を忘れたあまり、窓枠にチケットを置き忘れて下車したし、M君は、史跡保存館の手洗いに東京までの通しチケットを落としたままズボンを上げた。SMコンビはふたりとも彼ら自身の自己像とは正反対の大ドジだが、こういうタイプも昭和三十年代的社員旅行のキャラクターとしては必要なのである。愚行を広い心で許し、かつ微笑で報いるオトナのふるまいを周囲がたのしむために。

汽車好きは、幼少年期の心の疵《きず》から発しているのだろう。疵がおおげさなら、焼きつけられた記憶といおう。

ここ以外のどこかへ行きたいとか、ほんとはボクはココんちの子ではない、いつか東京の山手のお屋敷から美しい生みの母が迎えにくるんだとか、旅に生き旅に死ぬ人生を送りたいとか、ラチもないファンタジーを支えるのが汽車であり線路であったりすることが、男の子にはよくある。そしてそんなファンタジーを、年を重ねても消すことができないのも男の子的である。

身にしみついた癖はいまさら治せるものではない。などと負け惜しみつつローカル列車に乗れば、たとえ後ろ向きのうらみはあっても幸福である。おまけに汽車旅は安上がりだ。縮小均衡の現代にはぴったりではないか。

昔は国鉄足尾線だったわたらせ渓谷鐵道の終点間藤駅は、宮脇俊三が『時刻表2万キロ』の旅を終えた駅である。「社員旅行」で行ったとき無人駅の待合室に、そう誇らしげに掲示してあるのを見た。ノートも備え付けてあったので、私は原さんと酒井さんにも署名してもらい、その脇に大きく「参上」と書いておいた。

なのに、いまもって誰からも反応がない。鉄道オタクは、やっぱり他者には興味がないんだね。それとも私たちでは知名度不足ということか。「同僚」たちとの汽車旅シリーズには大いに満足しているけれど、それだけが心残りである。

(二〇一〇年十一月)

文庫版スペシャル旅

銚子電鉄で行く、美味な日帰り旅

往路　房総特急列車しおさいにて

酒井　お久しぶりでございます。三人揃うのは何年ぶりですかね。
関川　親本の奥付には二〇一〇年刊とあった。
原　親本が出てからまもなく一四年ですね。あれが出たときネット書店のコメントで、こんなに緩い対談は許せんとマニアに叩かれました。
酒井　そういう本だから仕方ないですよね。
原　ああいう緩い会話を許さないって空気がより強まっている気がします。世の中全体に余裕がなくなっているんでしょうね。
酒井&関川　（うなずく）
原　期待して買ってみたら「なんだこれは」みたいな怒りのコメントのあとに「そうでもないよ」と反論するコメントもありました（笑）。
酒井　この本、マニア批判が多いですから（笑）。
原　今回は日帰りで行けて、あんまりきつくない、近い割には遠くに来たと思えるところにしようと思って。そこで思いついたのが、ローカル私鉄でよく話題に出る銚子電鉄でした。銚子なら美味《おい》しい魚が食べられます。あと銚子電鉄ってぬれ煎餅《せんべい》で有名になったじゃないですか。あれで結構儲《もう》けたんだけど、肝心の電車の方が厳しそうなので応援しようっていうのもある。で、東京と銚子を結ぶ「しおさい」の時間と合わせてスケジュール考えてみたんですけど。

酒井　原さんは銚子電鉄は何回くらい乗ってるんですか？

原　これまで2回。だけど前回乗ったのが昭和の終わりの頃です。

酒井　私も前回乗ったのがいつか思い出せないくらい。平成にはなってたかもしれないですけど。なんか凄《すご》く久しぶりなので、ほぼ初めてのような気持ちです。

関川　僕は初めて。銚子も初めて。

酒井　あまり用事はないかもしれません。今は、ぬれ煎餅の売り上げが鉄道の売り上げを上回ってるらしいですが。

関川　ほんと？　それはすごい。

コロナ禍中の旅

酒井　コロナが五類になる前の原さんはどんな旅をされてましたか？

原　コロナ禍のときは出張を除いて旅をしていないですね。

酒井　全然？

原　ほとんどしていない。大学のある幕張に行くのが一番遠かった感じ。

酒井　鉄道への禁断症状は出ませんでした？

原　あの三年ぐらいで、完全にライフスタイルが変わっちゃった。変わってしまうとそれに慣れてしまうんですよ。私は横浜市民ですが、多摩川を越えて東京に行くことすら面倒になる。積極的にどっかに行こうという気力自体がなかった。

酒井　それは今も同じ感じでしょうか？

原　今もそうです。海外も含めて、どこかに行きたいという気持ちが昔よりはなくなりましたね。

酒井　「スペーシアXのコックピット」ぐらいの刺激がないと（笑）。

原　うん。

（※注　編集者、予約が取れなかったことをその場で謝罪）

原　スペーシアXが走り始めた当日、仕事で浅草から鬼怒川温泉まで乗りました。このときは2号車でしたが、最前部と最後部の車両がデラックスで、グループで乗るには格好なのです。まさにこの鼎談《ていだん》向きの車両なので、あれに乗ったら気分が高まること必定でした。残念です。

酒井　外国人とか、コロナ禍後で旅行したい人たちに人気なんですかね。

原　あれは人気だと思いますね。外国の鉄道自体も変わりつつあるんですよ。ヨーロッパはもう飛行機じゃなくて鉄道で行く流れになっていて、夜行がどんどん復活している。ゆっくりと時間をかけて行く。車内の設備を充実させて飛行機じゃ体験できないような旅行をする人たちが増えています。

酒井　それは、エコの観点から？

原　それもそう。CO_2の排出が少ないから夜行列車での移動の方がいいんだって考え方が、今ヨーロッパでは広がってきています。日本と真逆ですよね。

酒井　日本では、豪華列車が流行《はや》っています。

原　JR九州が始めたクルーズトレインは、いまではJR東日本やJR西日本でも走らせているけど、最低でも数十万円かかる。普通は手が出ない。あんな極端にしないで、もっと手ごろな価格で夜行列車を復活させることはできないんですかね。とにかく日本で走っている定期の夜行と言えば、「サンライズ瀬戸・サンライズ出雲」しかないのが現状ですから。

酒井　関川さんはコロナ禍中はどうされていましたか。

関川　やっぱりどこにも行かなかったな。

酒井　明けてからもあんまり？

関川　さっき原さんが仰《おっしゃ》ったけど、それが日常になっちゃうと、もう忘れちゃう。

酒井　そういう人、多いですね。私は実はコロナ禍中も、ちょこちょこ行ってましたね。京都が空《す》いていてありがたい、みたいな感じで（笑）。海外は行かなかったですし、本当に移動しちゃダメという時は家にいましたけど。普段、混んでいるときは行かないようなところへ行ったり、Go To を利用したりとか。

出ました分岐！　トンネル！

原　「しおさい」ってかなり飛ばしてますね。

関川　速いねえ。びっくり。

原　時速一三〇キロは出ているはず。本気になったらこんなに速いんだって感動しているんですけど。大学が幕張にあるので総武本線をよく利用するんだけど、快速でも細かく停まるし、市川で成田エクスプレスによく抜かれる。だからこんなに速い電車に乗ったことがなかった。

酒井　銚子って、隣の県とはいえ遠いのでありがたい。

原　佐倉を過ぎて、そろそろ成田線との分岐地点に来ますよ。あっここだ！

一同　おーっ！

関川　成田線の方が立派だ。

原　あっちは複線、こっちは単線ですからね。でもこっちのほうが格上なんですよ。「本線」なんだから。

酒井　成田線ごときが……と言っては失礼ですが……。

原　これから通る八街《やちまた》や成東《なるとう》から少し離れたところに「限界ニュータウン」と呼ばれる一帯があります。かつて投機目的で分譲された土地や住宅が値崩れしてしまい、なんと五十万円で一戸建てが買えるのです。飯岡を過ぎて、次は終点、銚子ですね。おや、こんなところにトンネルが。

関川　やけに揺れるね。

酒井　ほんとに、トンネルの中だけ……（トンネルを抜ける）。
原　佐倉で分岐してからのトンネルはひとつだけだと思いますよ。

銚子電鉄で終点外川《とかわ》へ。美味なるランチへまっしぐら

原　いい天気ですね。「いたこ丸」に急ぎましょう
（※注　編集者、予約ができない店のため、お店を見つけて走る。無事に入ることができ、それぞれ注文。運ばれてくる）
関川　くろむつ定食って、こんな大きな魚が二匹！
酒井　ご飯は…小盛にしてください。（急に黙る。食べるのに夢中。）くろむつ、あっさりして美味しい。二尾でもペロリ。
原　お刺身は肉厚だし、天ぷらは全部魚だよ。三種類もある。
（一同、海を見ながら舌鼓）
原　じゃあ……話しましょうか。私は銚子電鉄に三六年ぶりに乗りましたけど、沿線の風景とかはほとんど変わっていないですね。一方、乗客は大いに変わった。半数以上が地元以外から乗りに来ている感じ。だから地元客だけだったら廃線になって

青い空に青い海を見ながらのランチ。これが豪華くろむつ二尾が載った定食。野菜もご飯もたっぷり！

いたと思うけど、相当PRに力を入れて、ぬれ煎餅とかで全国的に有名になって、それで外から乗りに来る人が増えて、今日みたいにテレビの取材クルーまで入って、外国人まで乗るようになった。もちろん自前で車両を製造できないのでお古を他社から譲り受けているわけですが、今日乗ったのは京王帝都電鉄、いまの京王電鉄で走っていた車両でした。高校時代の郷愁というか思い出に浸ることができたというのは、個人的にはなんか嬉《うれ》しかったです。

酒井　いわゆる〝芋虫〟の前の形ですか？

原　側面に方向幕があったじゃないですか。あのタイプというのは多分そこまで古くない。だけどドアは片開きでした。京王線は線路幅が違うので、てっきり井の頭線かと思ったら京王線の車両だった。いずれにせよ京王帝都電鉄時代の電車に乗れて嬉しかった。

酒井　密《ひそ》かに喜んでおられた。

原　多分昭和三〇年代に出てきたタイプの車両なんです。もうちょっと時代が下ると両開きになるんですね、ドアがね。

酒井　そういう古い車両が好きで乗りに来る人とかもいそうですね。

関川　仲ノ町に電車の車庫あったじゃない？　非常に小さい車庫。あれもみんな京王？

原　全部じゃないですね。

関川　西武もあった？

原　後で確かめに行きましょう。そういえば車内の中吊《づ》りの広告とかが凝ってましたよね。

関川　「クラブ歯磨」。

原　開業当時の新聞記事みたいな広告がぶら下がっていたりとか。

関川　大正一四年って書いてあったけど、アナウンスでは大正一二年って言ってなか

レトロな車内。切符は駅員さんが売りに来る。三人がそれぞれ別々の方向を見ていたり、自分のことをしていたりするところが味

原　それは気が付かなかった。

っ た？

酒井　調べてみます。

原　最初は外川じゃなくて犬吠埼《いぬぼう》に近い犬吠までだったとか。あんまりいい加減なこと言っちゃいけない。

酒井　怒られちゃう。

原　そう。

関川　うるさいマニアがいるんだ。

原　こんなことすら知らないくせに、偉そうなこと言うなってね。

酒井　一九二三年、大正一二年に、でもやっぱり銚子から外川まで開通してますよ。

原　あ、じゃあいきなり全通してますね。

酒井　あ、この本（※酒井さんが所有の

『日本鉄道旅行地図帳　3号　関東1―全線・全駅・全廃線（3）』新潮「旅」ムック新潮社刊）には大正一二年七月には開通してるって。

原　だけどこの本が間違っているっていう可能性もありますね。

酒井　それにしても久しぶりに乗ってみて、意外に銚電が元気なのが嬉しいです。私が何十年か前に乗った時には、シートとかも破けていて、本当にヨレヨレな感じでした。その後もずっと、「もう潰《つぶ》れそう」とか銚電の危機が叫ばれていたので、どれほど悲惨な状態に……と心配していましたが、古いながらもちゃんとした車両でシートも破けていないし、お客さんも思った以上に多かった。まさか海外の方もいるとは思いませんでした。コツコツやっているPRが功を奏しているのかなという気はしましたね。

原　テープのアナウンスが頑張っていましたね。のどかな風景が広がりますっていっても別に……ただのキャベツ畑……。

酒井　「緑のアーチ」というのも一瞬で終わりましたけど、健気《けなげ》な気持ちが感じられる。

原　前来た時って新聞記者だったんですよ。取材に来たんですよね。どういう取材だったかって言うと、銚子電鉄の中吊りの広告を、当時はある職人さんが全部自分で作っていたんです。印刷されたものじゃなくて、手書きで。

関川　それはすごい。

原　手書きでその人がとにかく全部一つ一つ中吊りを書いていて、それが面白いっていうので取材に行けって言われて。そのころからほかの私鉄がやらないようなことをやっていたんですね。

酒井　夏はトウモロコシ。冬はキャベツ。やっぱり昔も漁業と醬油《しょうゆ》だったわけですか？

関川　あとは北からの船が全部銚子に入って、利根川に上って行って、中流から短絡運河に入って江戸に向かう。

原　利根運河だったっけ？　利根川と江戸川が分かれる関宿までさかのぼらなくても江戸川に入れるっていう。

酒井　交通の要所でもあったと。

原　東武野田線に運河って駅があるんだけども、あれは利根運河のことを指してたと思うんです。

関川　どこに出るんだっけ？　浦安あたり？

原　そうそうそう。浦安、旧江戸川ですね。

酒井　今後、廃線か否かという見通しは……。
原　常に危機だよ。
関川　ちょっと先は暗いんじゃない？
原　もうやばいやばい、どうか皆さん助けて下さいってずっと言い続けてきて、まだ持ってるんですから。
酒井　やめるやめる詐欺的な（笑）。それがもう、一つの芸風として確立されている。
関川　外国人旅行者も乗ってたけど、外国にも鉄道オタクっていっぱいいるの？
原　いますよ。イギリスなんかオタクが集まって勝手に鉄道を動かしています。
酒井　アジアの人も鉄道好きですよね、台湾の人とか。
原　インバウンドが拡大すればむしろチャンスじゃないですか。成田から近いですからね。行きやすいっていうメリットがある。
酒井　日本に着いてすぐ銚電に乗りに来ちゃう人って、相当ですね。
原　いや、いるんじゃないですか。それ目当てに来るって。
関川　この電車、わざとゆっくり走っているの？
酒井　私もそう思いました。
関川　急いで行っちゃいけないんだね。

外川駅前。なんともレトロで可愛い。次の電車まで時間があったし、ぽかぽか陽気に誘われ、腹ごなしのため、隣駅の犬吠まで歩く。犬吠駅で各自土産購入

酒井　すぐ着いちゃいますもんね（笑）。

原　わざとゆっくり走っているんですよ、踏切がやっぱり怖いから。

関川・酒井　あー。

原　踏切の手前で徐行していましたよね。もしあそこで事故が起こったら一巻の終わりです。

酒井　確かに。

原　車両の修復に金掛けられませんから。

酒井　経営が危機の鉄道は他にもたくさんあるけれど、やっぱり銚子電鉄は主張し続けてるのでそれで有名になっているっていうのがありますよね。夫婦と一緒で、離婚するするって言ってるけれど絶対にしない、みたいな。

原　三陸鉄道にも、赤字を逆手にとった

「赤字せんべい」というのがありました。

酒井　会社をやめるやめるって言ってる人も、たいていやめないし。危機を訴えることがパワーになっている。

旅の終わりに、銚子駅前の喫茶店にて

酒井　車庫の感想はどうですか原さん。

原　今日乗った車両のほかに、車庫で待機している車両が少なくとも二編成あるっていうことがわかりましたよね。ほかに丸ノ内線の車両がありましたが、あれは多分使わないと思うんで。

関川　使えない？

原　何かのイベントの時に出すかもしれませんけど、普段は使わないのでは。

関川　銀座線も入ってたよ。

原　えっ、銀座線？

関川　銚電のポスターには、銀座線の車両の写真も誇らかに。

原　（悔しそうに）見えませんでした。

銚子駅の隣、仲ノ町駅のある仲ノ町車庫に停まっていた電車。近くまで歩いて入って見学できる。線路の反対側にはヤマサ醤油工場。発酵食品の匂いが充満して美味しそう

関川　でも、駐車しておけるのは仲ノ町車庫だけだね。

原　「髪の毛黒生え」と車内放送していた笠上黒生《かさがみくろはえ》駅だけに行き違いの施設がありましたよね。あとはなかったので、ピーク時でも多分二編成しか走れないじゃないですか。銚子と外川を出た電車が、あの駅で交換する。

関川　ものすごく素朴な運行方式だから、電車も壊れにくいんじゃないかな。

原　だから踏切でぶつかるっていうのが一番怖い。朝の時間帯を除いて基本的に一時間で一本だから、行ったり来たりするのにちょうどいいわけ

ですね。
酒井　銚子電鉄ってあんまり、自然災害の事故とかも聞かないですよね。久留里線とかすぐ止まっちゃいますけど。
関川　高台をずっと走ってるって印象じゃない？　だいたい標高二五メートルくらいの河岸段丘かな。
原　久留里線って、そもそもJR東日本がやる気ないじゃん。
酒井　銚子電鉄はやる気あります。
原　みなぎってる。
関川　貧乏だ貧乏だって言いながら、しぶとく生きている。
酒井　案外ため込んでいたりして（笑）。
原　平日でも今日ぐらい客が乗っていれば、十分やっていけるんじゃない？　犬吠駅の売店でもレジに行列ができていましたし。
（※注　銚子駅に「二期連続黒字達成！」という張り紙あり）
関川　久留里線なんか客がいない。
原　特に久留里―上総亀山間なんて、マニアしか乗ってない。
関川　盲腸線だから行き先がない。

原　終点まで行っても駅前に店もない。

関川　久留里は一応城下町だったんだけどね。

ローカル線終着駅と美味しいもの

酒井　千葉で好きな路線は、他にありますか？

関川　千葉はね、房総半島部の鉄道がすごく遅れていたんだよね。半島横断鉄道がなかなかできなかった。

原　外房から内房にかけての御宿《おんじゅく》から上総湊くらいの間はいいですよね。海が見えて。

関川　滅多に来ないよ、列車は。

原　特に内房線の安房《あわ》鴨川と館山の間は少ないですね。

酒井　みんな高速バスに乗ってしまいます。

原　でもあそこが一番いいですよ、風景が。特に春先とか。菜の花が。

酒井　ああ、お花きれいですよね。でも千葉って意外に絶景ポイントが少ない。

原　個人的にはその辺が絶景なんですけどね。

酒井　それにしても、我々のように鉄道好きが二人や三人で一緒に乗りに行くってあんまり聞かないですよね。
原　それぞれのスタイルがありすぎるからね。
関川　今日も電車の運転席の右側のすぐ後ろ、あれは要するにお誕生日席。絶対に人には譲りたくない席なんだよ（笑）。あそこに張り付いたまま動かない人がいた。
原　それを言うならね、マニアは「今頃銚子電鉄なんかに乗ってんのか」って我々をバカにすると思いますよ。
関川　私はむしろ明るくバカにされたい。素朴に生きようと決意したんだから。
原　とっくの昔にこんなところはもう卒業してるっていうのが、本来のマニア。
酒井　原点回帰なんじゃないですか？　一周回って銚子電鉄。
関川　マニアばかりを相手にしていると、いいことないと思う。
酒井　この本は、マニアというよりは、定年退職をしてこれから旅をしようかな、と思っている初老の方々向きかもしれないですね。リタイアした女性も多いですし。現役時代はなかなかできなかった鉄道旅へ出かける時の手引きにもなるかと思います。日帰り旅が多いし、ちょっとした食の情報も（笑）。
関川　お昼を食べた「いたこ丸」、えらい混んでたね。外に人が歩いてないのに。
原　ローカル私鉄に乗って漁港のある駅で降りてちょっと行くと、意外に美味しいものが食べられる。それがわかると、またどこか別の線に乗ってどこかの漁港に行きたくなりませんか。

関川　なるほど。

原　例えば今だったら、アンコウとかがうまいじゃないですか。そうすると常磐線の勝田で降りてひたちなか海浜鉄道に乗り換えて那珂湊《なかみなと》で降りて。ちょっと歩いていくとアンコウの店があってさ。

関川　で、アンコウが二匹お皿にのっていたらどうしよう。

一同　(笑)

酒井　これくらいのゆったりした感じがいい。

関川　丸くなったと思う。原先生は一四年前はとんがっていたからね。他のマニアを憎んでいた。

酒井　ひりひりしてました(笑)。

関川　あの頃はさ、まあ今もそうだけど、戦闘的なマニアっていうのは本当にやばかった。

原　戦闘的なマニアは禁欲的なので、乗ることや撮ること自体が目的と化してしまう。昼どこで食うとかは考えていない。

酒井　スーパーのお弁当でいい。しかし年齢とも関係してるんですかね。若者の方がガツガツしているとか。

原　ガツガツしてる奴は年とってもガツガツしてる。あんまり年齢は関係ないですね。

いつか行ってみたい鉄道旅＋美食旅

関川　今日は意外と面白かったね。近すぎず遠すぎず。「いたこ丸」の昼食でひと皿にくろむつ二匹には驚いた。それだけでも十分。

酒井　銚電は、気が付けばほぼ満席になってましたね。

原　本音を言えば北陸まで行って、えちぜん鉄道の終点の三国港で降りて越前ガニを食う旅を皆さんとしてみたいです。

酒井　やはりこの季節、カニが。

原　そう。でもそれをやったらとんでもない額になっちゃう。えちぜん鉄道は第三セクターなのですが、アテンダントと呼ばれる女性が活躍していたりして結構頑張ってるんですよ。その終点の三国港の駅前に越前ガニの店があって、前から目をつけてるんです。

酒井　力説ですね（笑）。

原　愛知県に一色っていう日本で有数のウナギの産地があります。東海道線の蒲郡で名鉄のローカル線に乗り換えて終点で降りて、タクシーでちょっと行ったところに一色漁港がある。さっきの漁港と同じで漁港自体には人はいないのに、ウナギが食べられる店だけ人が集まっているんです。そこで食べたら、やっぱりおいしかった（笑）。ほかにローカル線に乗って行きたい漁港は、秋田県の男鹿とか和歌山県の加太とか山口県の仙崎とか……（話は尽きず……）。

関川　あ、私、ちょっと銚子の街を散歩してから電車に乗ります。

酒井　あ、関川さんが途中で消えるこの感じが懐かしい……！

（編集部　承知しました。では収録は終わりということで。お疲れ様でした。）

（二〇二三年一二月二六日収録）

文庫版あとがき

関川夏央

二〇〇〇年代は鉄道マニアのにぎやかな時代であった。

昔から男の子の多くが汽車好きなのは、動くもの、動く大きなもの、規則どおりに動く大きなものに惹《ひ》きつけられるからである。そんな好みはオトナになれば消えるか伏流して見えなくなるのが普通だったが、一九八〇年代以降、オトナの鉄道マニアとして堂々と姿を現すようになった。きっかけは宮脇俊三とその著作であった。

宮脇俊三自身、その骨がらみの汽車好き・時刻表愛を「児戯」と恥じて、最初の著作『時刻表2万キロ』を刊行する二年前まで誰にもいわずにいた。しかし宮脇の刺激を受けた鉄道好きたちは、当初からためらうことなく「信仰」を明らかにした。

のみならず、九〇年代には「乗り鉄」「撮り鉄」「地図鉄」「時刻表鉄」、果ては「車窓絶景鉄」「走行音鉄」「廃線鉄」まで短期間に分派化・原理主義化した。同じ趣味なのに、わずかな違いが気になって敵愾心《てきがいしん》を育てるのは、かつての政治セクトの抗争に似ていなくもなかった。そんな党派化の末に、二〇〇〇年代、攻撃の対象となりがちだったのが、知識も豊富、論理も堅固な原武史さんであった。

そんな戦う原さん、それから党派性や原理主義とはもっとも遠い場所にたたずむ酒井順子さんといっしょに、初歩的かつ地味な汽車好きにすぎない私が旅できるとは思いもかけなかった。二〇〇〇年代は鉄道宗教戦争の時代といえたが、私には僥倖《ぎょうこう》の時代でもあった。

酒井さんは汽車好きの正統性を静かに実践される人で、電車の走行音と軽い揺れのただなかに身を置けば、たちまち「眠る」美人となった。それでいて、ときどき口にされるおだやかなひとことは、ともすれば原理主義に傾きがちな男どもが、本人がそれと知らぬうちに斬られている、いわば居合抜きの名人でもあった。

それにしても、原武史、酒井順子両氏との三人旅はたのしかった。

北陸本線をたどって一度も改札を出ず、ホーム上または駅構内で「駅そば」を食べつづけた日帰りの旅などは、原さんでなければ発想できなかった。そこに酒井さんが加わってくれなかったら実現できなかった。マニアには思いもつかない、ばかばかしくもすばらしい企画であった。

「何かを常に探しておられる」と酒井順子さんが評した原武史さんは、一行の指導的引率者にして「アイドル」であった。わたらせ渓谷鐵道の大間々駅で降り、そこから東武桐生線赤城駅まで、寒い小雨の街区を歩いたときの原さんの早足は忘れがたい。街中を歩いて別線に乗り換えるというのは私の趣味でもあるのだが、あのときの原さんには愚鈍な生徒たちを導く強い責任感が感じられた。私は「聖職の碑《いしぶみ》」という言葉を、皮肉ではなく思い出した。

「鉄道オタク」たちの戦闘性が突出した感のある二〇〇〇年代に、こんな三人旅を実現し得たことは記憶に残る。軽くて明るく、それでいて物事の本質をはずさない酒井さん、なぜかはわからないが戦場のラッパ手のように、どんな時どんな場合でもブリーフケースを手放さない原さん、懸命に彼についていく幸せを味わった関川、三人でつくった『鉄道旅へ行ってきます』が、このほど文庫化されてもう少し命を永らえることになった。まさに朗報である。

本書は、二〇一〇年十二月に講談社より刊行された単行本を加筆修正のうえ、文庫化したものです。
「文庫版スペシャル旅　銚子電鉄で行く、美味な日帰り旅」「文庫版あとがき」は本書のために書き下ろされました。

本文写真／但馬一憲（第一章）、森　清（第二章〜第六章、ひとり旅）、川口宗道（文庫版スペシャル旅）
本文デザイン／原田郁麻
協力／銚子電気鉄道株式会社

鉄《てつ》道《どう》旅《たび》へ行《い》ってきます

酒《さか》井《い》順《じゅん》子《こ》　関《せき》川《かわ》夏《なつ》央《お》　原《はら》武《たけ》史《し》

令和6年 3月25日　初版発行

発行者●山下直久

発行●株式会社KADOKAWA
〒102-8177　東京都千代田区富士見2-13-3
電話　0570-002-301（ナビダイヤル）

角川文庫 24069

印刷所●株式会社暁印刷
製本所●本間製本株式会社

表紙画●和田三造

●お問い合わせ
https://www.kadokawa.co.jp/（「お問い合わせ」へお進みください）
※内容によっては、お答えできない場合があります。
※サポートは日本国内のみとさせていただきます。
※Japanese text only

ISBN 978-4-04-113776-5　C0195

角川文庫発刊に際して

角川源義

第二次世界大戦の敗北は、軍事力の敗北であった以上に、私たちの若い文化力の敗退であった。私たちの文化が戦争に対して如何に無力であり、単なるあだ花に過ぎなかったかを、私たちは身を以て体験し痛感した。西洋近代文化の摂取にとって、明治以後八十年の歳月は決して短かすぎたとは言えない。にもかかわらず、近代文化の伝統を確立し、自由な批判と柔軟な良識に富む文化層として自らを形成することに私たちは失敗して来た。そしてこれは、各層への文化の普及滲透を任務とする出版人の責任でもあった。

一九四五年以来、私たちは再び振出しに戻り、第一歩から踏み出すことを余儀なくされた。これは大きな不幸ではあるが、反面、これまでの混沌・未熟・歪曲の中にあった我が国の文化に秩序と確たる基礎を齎らすためには絶好の機会でもある。角川書店は、このような祖国の文化的危機にあたり、微力をも顧みず再建の礎石たるべき抱負と決意とをもって出発したが、ここに創立以来の念願を果すべく角川文庫を発刊する。これまで刊行されたあらゆる全集叢書文庫類の長所と短所とを検討し、古今東西の不朽の典籍を、良心的編集のもとに、廉価に、そして書架にふさわしい美本として、多くのひとびとに提供しようとする。しかし私たちは徒らに百科全書的な知識のジレッタントを作ることを目的とせず、あくまで祖国の文化に秩序と再建への道を示し、この文庫を角川書店の栄ある事業として、今後永久に継続発展せしめ、学芸と教養との殿堂として大成せんことを期したい。多くの読書子の愛情ある忠言と支持とによって、この希望と抱負とを完遂せしめられんことを願う。

一九四九年五月三日

角川文庫ベストセラー

バブル・コンプレックス　酒井順子

それは「企業のお荷物」なのか、「時代の道化役」なのか、「昭和の最下級生」なのか、「消費の牽引役」なのか。バブル時代に若き日を過ごした著者が自身の心身に染み込んだバブルの汁を、身悶えしつつ凝視！

ひとり旅日和　秋川滝美

人見知りの日和は、仕事場でも怒られてばかり。社長から気晴らしに旅へ出ることを勧められる。最初は尻込みしていたが、先輩の後押しもあり、日帰りができる熱海へ。そこから旅の魅力にはまっていき……。

あしたはうんと遠くへいこう　角田光代

泉は、田舎の温泉町で生まれ育った女の子。東京の大学に出てきて、卒業して、働いて。今度こそ幸せになりたいと願い、さまざまな恋愛を繰り返しながら、少しずつ少しずつ明日を目指して歩いていく……。

いつも旅のなか　角田光代

ロシアの国境で居丈高な巨人職員に怒鳴られながら激しい尿意に耐え、キューバでは命そのもののように人々にしみこんだ音楽とリズムに驚く。五感と思考をフル活動させ、世界中を歩き回る旅の記録。

恋をしよう。夢をみよう。旅にでよう。　角田光代

「褒め男」にくらっときたことありますか？　褒め方に下心がなく、しかし自分は特別だと錯覚させる。ついに遭遇した褒め男の言葉に私は……ゆるゆると語り合っているうちに元気になれる、傑作エッセイ集。

角川文庫ベストセラー

海外旅行熱、急上昇して急降下 つれづれノート㉚　銀色夏生

今年から「旅行元年」と決めた銀色さん。自分はどういう旅が向いているのか、興味がわいた場所を見つけて片っぱしから予約してみるが……自由の体現者、銀色さんの壮大なる人生記録、30弾。

食をめぐる旅　銀色夏生

流れるように店から店へ、おいしいものを求めてさまよいました。みんな何を求めて来るのだろう。ここと他のところとはどう違うのだろう。何を食べても、どこへ行っても興味はつきません。

世界どこでもずんがずんが旅　椎名　誠

マイナス50℃の世界から灼熱の砂漠まで——地球の端から端までずんがずんがと駆け巡り、出逢った異国の情景を感じたままにつづった30年の軌跡。旅と冒険の達人・シーナが贈る楽しき写真と魅惑の辺境話！

ぼくの旅のあと先　椎名　誠

暑いところ寒いところ、人のいるところいないところ——。世界を飛び回って出会ったヒト・モノ・コトが軽快な筆致で躍動する、著者の旅エッセイの本領。読めば探検・行動意欲が湧き上がること必至の1冊！

鉄道旅行のたのしみ　宮脇俊三

鉄道でどこかへ行くのではなく、鉄道に乗ることそのものを楽しもう。地方別にその土地ごとの路線の乗りこなし方や、逃したくない見どころなどを案内しながら、分かりやすく鉄道趣味を解説した入門書。

角川文庫ベストセラー

父・宮脇俊三への旅　宮脇灯子

自分の父がふと「旅に出る」ことは、「会社に行く」のと同じようなものだった――。その死によって「紀行作家の父」に向き合った娘が、父として、紀行作家としての宮脇俊三をしなやかに綴るエッセイ。

無印結婚物語　群ようこ

有利なチャンスをつかもうと挑んだお見合い結婚。〝愛の力〟を信じて決断した恋愛結婚……小さなやすらぎと大きな不満が錯綜する〝結婚〟という十二のドラマチック・ストーリー。

欲と収納　群ようこ

欲に流されれば、物あふれる。とかく収納はままならない。母の大量の着物、捨てられないテーブルの脚に、すぐ落下するスポンジ入れ。家の中には「収まらない」ものばかり。整理整頓エッセイ。

老いと収納　群ようこ

マンションの修繕に伴い、不要品の整理を決めた。壊れた物干しやラジカセ、重すぎる掃除機。物のない暮らしには憧れる。でも「あったら便利」もやめられない。老いに向かう整理の日々を綴るエッセイ集！

アメリカ居すわり一人旅　群ようこ

語学力なし、忍耐力なし。あるのは貯めたお金だけ。それでも夢を携え、単身アメリカへ！　待ち受けていたのは、宿泊場所、食事問題などトラブルの数々。あるがままに過ごした日々を綴る、痛快アメリカ観察記。